企业阅读 本土实践

职场人的亲子教育宝典

别让你的执着毁了孩子

廖信琳 / 著

中国青年出版社

律师声明

北京市中友律师事务所李苗苗律师代表中国青年出版社郑重声明：本书由著作权人授权中国青年出版社独家出版发行。未经版权所有人和中国青年出版社书面许可，任何组织机构、个人不得以任何形式擅自复制、改编或传播本书全部或部分内容。凡有侵权行为，必须承担法律责任。中国青年出版社将配合版权执法机关大力打击盗印、盗版等任何形式的侵权行为。敬请广大读者协助举报，对经查实的侵权案件给予举报人重奖。

侵权举报电话

全国"扫黄打非"工作小组办公室　　中国青年出版社
010-65233456　65212870　　　　010-50856057
http://www.shdf.gov.cn　　　　　　E-mail: bianwu@cypmedia.com

图书在版编目（CIP）数据

别让你的执着毁了孩子/廖信琳著.—北京：中国青年出版社，2019.6
ISBN 978-7-5153-5617-4

Ⅰ.①别… Ⅱ.①廖… Ⅲ.①儿童教育—家庭教育 Ⅳ.①G782

中国版本图书馆 CIP 数据核字（2019）第 099216 号

别让你的执着毁了孩子

廖信琳/著

出版发行：	中国青年出版社
地　　址：	北京市东四二条21号
邮政编码：	100708

责任编辑：	刘稚清
封面制作：	谢定莹

印　　刷：	河北宝昌佳彩印刷有限公司
开　　本：	710×1000　1/16
印　　张：	14.25
版　　次：	2019年7月北京第1版
印　　次：	2019年7月第1次印刷
书　　号：	ISBN 978-7-5153-5617-4
定　　价：	99.00元

导读

一个可以确认的大概率事实是：每一位家长都热切期盼自己的孩子健康成长，每一位家长都从未怀疑或者放弃过自己对孩子的爱，每一位家长都曾经或者正在焦虑孩子的未来——因为孩子成长过程中教育的成败得失，从宏观的人类发展进程角度看，直接关乎一个国家和民族的未来；从微观的个体家庭角度看，更是直接影响一个家庭幸福与否的重要因素。

曾经有一位笔者的学员（当时任职一家中型企业的业务主管）在倾诉完孩子教育过程中所遭遇的种种困顿之后，一心期待笔者能够给他一些所谓的"灵丹妙药"，以起到立竿见影之作用。没承想，笔者的唯一建议是，"将家中那些各路专家的亲子教育书籍都收起来，或者干脆把书扔掉……"那位初为人父的学员除了喃喃自语般地说了一句"老师，你怎么知道我买了很多这样的书"之外，就是一脸的惊愕和茫然……

很显然，这位家长的状态和处境，和绝大多数在孩子教育问题上有着许多困惑的家长一样，真正的根源在于两个字：执拗。即作为家长的你，已经完全被"习惯性的认知和行为"所绑架，深陷以下泥沼而不自知。包括：

（1）过分迷信一些所谓的"成功秘籍"。

（2）过分迷恋并依赖自己对孩子的那份"无私的爱"。

（3）过分在意孩子的"成功"，而放弃了孩子的自我成长。

（4）过分在意孩子当下的状态，而忽视孩子长远未来的种种可能。

以上种种，除了对家长深深的无奈聊表理解和同情之外，笔者真正想说的是，所谓"种瓜得瓜，种豆得豆"——所有孩子的今日之"果"，均由家长的昨日之"因"所生发。

身为有着两个孩子的家长，笔者在二十多年的亲子教育中，最真切的体会就是，真正有效的教育都深藏在"亲子互动过程的微妙细节之中"——只要放下你的执拗，孩子可以更优秀！

为此，在本书的撰写过程中，笔者始终秉持"个体经验的梳理和总结"的思路与态度，通过再现一个又一个的真实场景，全程复盘那些与孩子互动过程中的"关键时刻"，并由以下章节逐一展开：

第一章　家长执拗的六种表现

第二章　放下执拗的六条路径

第三章　放下执拗的六大实践场景

第四章　放下执拗的十大理念及其实践方法

第五章　十种常见情形的实践建议

笔者关切的是，任何一位有机缘和兴趣翻阅本书的家长，是否能够"因指见月"？是否能够"得鱼忘筌"？

因为"你的孩子毕竟是你的孩子"，丝毫"立竿见影"或者"一劳永逸"的希冀和念头都必将是枉然；

因为家长并不需要熟稔多少精深的亲子教育理论，真正关键和有效的是"爱的恰当节奏、爱的适时传递、爱的尺度把握"；

因为只要你真正关注并切实把握那些"关键时刻"，必将踏上"重塑亲子互动模式"的全新之旅！

自序

孩子，我相信你

之所以用这样的题目作为本书的序言题目，是因为在二十多年的时间里，这是我与孩子每一次的沟通、互动过程中使用频率最高的一个句式。

无论是孩子面对一些选择的时候，还是孩子面对一些困难需要加倍努力予以克服的时候；

无论是孩子遭受一些挫折或者委屈需要帮助其调节、梳理情绪的时候，还是在孩子取得一些成绩或者某一方面的突破需要进一步鼓励的时候，基本都会以"我相信你……"这一句式开启或者结束每一次的交流和谈话。

这也是在年龄差距达 12 岁的两个孩子的成长教育过程中，笔者唯一不变和共同的经验做法。至少从截至撰写本书这个时间点的实际情形看，还是有着让人欣慰的成果的。

1996 年出生的女儿，即便历经不同地域和办学条件的四所小学、两所初中、两所高中的辗转求学，最终还是以雅思 8.5 分，其他学科平均接近 95 分的优异成绩，成功地拿到了加拿大排名前十的 5 所大学的 6 份不同专业的、带有不同金额奖学金的入学 OFFER……在笔者开始撰写此书的时候,她刚刚结束在苹果公司旧金山总部 8 个月的带薪实习,回到滑铁卢大学继续学业……

而 2008 年出生的儿子,似乎走了一条与他姐姐完全不同的成长之路——除了学业功课之外,尚在小学四年级的他,已经先后完成并通过了英皇乐理五级、中国音协钢琴业余十级、武汉音乐学院爵士鼓业余八级等认证考试,并且已经获得了武术套路省级运动员的称号……而这些成绩的背后,真正的原因恐怕只有一个——在幼儿园中班就萌生"做一名优秀的艺员"的念头,迄今为止从未有过丝毫的变化或者动摇……

之所以略有"炫耀"嫌疑地讲述这些成绩,真正想表达的意思是,即便是同胞所生的姐弟俩,即便家长有着同样的期待——让他们更优秀,也会因为个性特点不同,因为成长的时代背景和社会环境不同,走上一条完全不同的成长道路。

而我念兹在兹地提到"我相信你……"这样一个沟通句式,核心本质在于自始至终都在向孩子传递一个确定无疑的信息——"孩子,你是一个独立的个体,爸爸、妈妈毫无条件地尊重你,并给予你最大限度的信赖和支持!"

假如我们愿意承认并相信这一句式蕴含着上述信息,进一步剖析、体悟"我相信你……"这一句式背后的"难言、未言"之意,正好吻合基于人类普遍心理活动机制所衍生出来的一个重要观念:引导并帮助孩子建立"自我承诺",能够有效地激活其内心深处的"崇高感",从而生发出其兑现"自我承诺"的责任感和使命感,最终促进其行为实践。

所以,切实并且长期坚持践行这一理念,至少从实际效果看,得到了以下几个方面的正向反馈,包括:

（1）能够与孩子建立宽松、坦诚的交流场景，进而逐步形成开放、自由，没有禁忌的家庭沟通氛围。

（2）能够逐步树立并强化孩子的自信心，从而逐步养成一些直面困难和挑战的品性。

（3）能够帮助孩子逐步学会自主选择，并对自己的选择承担相对应的责任和可能的后果。

（4）能够有效地触发孩子的内在驱动，并逐步养成一些良好的行为习惯。

正所谓"与其纠缠于孩子当下的某一状态，不如从培养孩子更多的良好习惯着手"——很多相关领域的专家也一再发出这样的倡导。

需要进一步强调的是，真正有效的亲子教育应该是能够充分"激活孩子的内在驱动"。而要切实落实这一宗旨并达成这一目的，有两个非常重要的基础条件是不可或缺的。

一是方向。

即作为家长，是否已经确立了基于孩子更长远未来的培养方向？

二是原则。

即作为家长，是否围绕孩子未来成长与发展的方向建立了一些基本的原则，也就是"底线"——孩子成长过程中的所有行为都不能僭越的明确规定，本书后续的相关章节会有详细的探讨和论述。

与此同时，家长还需要意识到并清楚认知的是，虽然"我相信你……"这是一个看起来非常简单的沟通句式，但是要真正落实在每一次具体场景的沟通和交流中，并最大限度地发挥它的作用和价值，以下两个前提的保证和支持是不可忽视的必要条件。包括：

（1）在认知上，家长是否在心底深处认同以下观念？

——"孩子是一个独立个体，并且拥有被尊重的权利"；

——"孩子具备对所需要面对的各种事情做出选择和判断的潜在能力";

——"孩子有足够的自我纠错和自我改善的潜在能力";

——"孩子具备天然的是非判断的潜在能力";

——……

（2）在实践中，家长是否愿意并切实做到"率先垂范、以身作则"？

正是基于上述的实践体认，我愿意并且相信，通过再现与孩子互动成长过程中的真实场景，聚焦那些关键时刻，复盘并详细剖析沟通、交流环节的具体行为及其背后的核心理念，至少可以为同样身为家长的你，提供一种观察和思考的视角，作为调整和改善你与孩子互动成长实践时的借鉴和参考。

唯如此，本书方可彰显其应有的价值。

因为我始终相信你对孩子那份浓浓的爱和殷殷的期待都会变成现实——你的孩子远比你想象得更加优秀！

目录

导读 / I

自序 / III

第一章 家长执拗的六种表现

一、爱，沦为绑架的工具 / 3

二、关心，严重错位 / 14

三、尊重，心口不一 / 18

四、专断，忽视孩子的权利 / 23

五、跟风，无视孩子的未来 / 27

六、陪伴，并未用心 / 31

小结：成为体面的家长 / 35

第二章 放下执拗的六条路径

一、直面身处的环境 / 43

二、掌握孩子成长的规律 / 48

三、勇于承认曾经的不堪 / 52

四、用心觉察孩子的状态 / 57

五、悦纳孩子的"粗心" / 64

六、开放秘密花园 / 68

小结：成为孩子的知心朋友 / 71

第三章 放下执拗的六大实践场景

一、学业成绩：少一点操劳 / 77

二、行为习惯：多一点示范 / 81

三、个性养成：少一点惩戒 / 99

四、孩子的世界：多一点交流 / 105

五、兴趣爱好：少一点干涉 / 111

六、当下与未来：多一点学习 / 119

小结：成为孩子的榜样 / 127

第四章 放下执拗的十大理念及实践

一、尊　重 / 135

二、平　等 / 138

三、耐　心 / 141

四、包　容 / 145

五、坦　诚 / 148

六、信　任 / 150

七、陪　伴 / 154

八、力　行 / 157

九、发　现 / 158

十、沟　通 / 164

小结：做孩子最好的老师 / 182

第五章 十种常见情形的实践建议

一、无法经常在家，怎么办 / 187

二、如何引导孩子做改善 / 190

三、如何消除孩子的不安情绪 / 192

四、孩子总是丢三落四，怎么办 / 194

五、孩子粗心马虎，怎么办 / 195

六、总是与同学闹矛盾，怎么办 / 198

七、遭到老师无端批评，怎么办 / 199

八、怎么处理孩子的过分要求 / 201

九、如何与孩子达成共识 / 205

十、孩子磨蹭时怎么办 / 207

小结：爱，应该无处不在 / 211

后记 / 212

| 第一章 |

家长执拗的六种表现

一、爱，沦为绑架的工具

从本意上，作者并不愿意也无权去质疑"父母（家长）爱孩子"这一几乎脱胎于天性的"自然法则"，但是，发生在家长与孩子之间的一个又一个活生生的现实故事，至少值得作为家长的我们，在确信"爱孩子"的基础上，再深入追问一下自己以下这些更加具体的问题，包括：

（1）你是否以爱的名义，强行干预或者深度介入过本属于孩子自己的生活、学习或者工作？

（2）你是否认为，只要能够满足孩子的任何诉求就是爱的表现？

（3）你是否认为，对孩子的爱，就是为孩子设计一条你认为正确的人生成长道路？

（4）你是否曾经或者始终坚持认为，只要是为了孩子，家长可以做出任何让步，甚至牺牲自己的健康、工作乃至事业，都是应该或者值得的？

（5）你是否认为，屏蔽一切你的认知评价体系中的负面信息，继而为孩子营造一个无菌、真空的成长环境就是爱？

（6）你是否认为，持续不断地向孩子呈现你的认知评价体系中的成功榜样，就是对孩子最好的鼓励？就是一种爱的表现？

以上六个简单而又复杂的问题——所谓简单，指的是从问题形式上看，似乎只有"是"或者"否"的选择；而真正复杂的地方在于，每一个问题背后都会涵盖或者涉及无数个场景中的具体行为和做法。

所以，这些问题的核心本质在于，当家长声称自己多么爱孩子的时候，更需要理性思考并询问自己的是，到底应该借助什么样的具体方式，或者通过什么样的表达形式向孩子传递你的爱？

为了便于你思考上述问题并尽可能做出更加符合爱的本质的判断，笔者先记述以下两则听闻的故事。

第一个故事可以取一个题目叫作《妈妈的"爱"让我无地自容……》。

有一位来自江西某一乡镇的女孩，暂且称她为小青吧。

小青和许多普通家庭的孩子一样，在一所普通的大学毕业之后，凭借自己的专业基础和努力，几经辗转，终于在深圳谋得了一份行政文员的工作。

起初，小青的妈妈看到女儿能够在深圳这样的一线城市立足，还颇为自豪地跟身边的亲戚朋友念叨，说起自己的女儿也是一脸满足，甚至可以说有些许得意。

但是，如此和谐、温暖的家庭生活画面仅仅持续了三年多，就被她的妈妈硬生生地毁掉了，而且毁得"理直气壮、义正词严"。

记得是小青在那家公司工作到第三年的某一天，作者忽然接到她带着哭腔的电话，她要离开那家公司重新找一份工作……正当我试图安抚、劝慰她要慎重考虑这一决定（因为经过三年多的努力，此时的小青已经晋升为该公司行政部的主管了）的时候，小青才极为无奈，甚至无力地道出她要离职的原因。

原来，在前些日子母女俩日常通话的过程中，小青只是无意间抱怨了一句："现在工作各方面都很顺心，只是薪水有点偏低。"小青一再向我强调只是无意，甚至有点向妈妈撒娇的意味，没有想到的是，这样一句无关痛痒的抱怨，竟然刺激了她妈妈威力无比的"母爱"——在小青毫不知情的情况下，辗转打听到了小青直属上司的电话，并在电话中为女儿打抱不平，要求公司给小青加薪。而小青呢，竟然还是因为她的上司跟她开玩笑，说她妈妈多么厉害之后，追问之下才得知的！

当我试图以同辈身份与小青的妈妈沟通这件事情的时候，小青的妈妈坚持认为，作为母亲，在女儿遭遇不公平待遇的时候，就是要帮她！这是关心她！……只是，我并没有等她再强调她多么爱她女儿（小青）的时候，就匆匆结束了这次沟通……

笔者不确定有过上述如此极端行为的家长有多少，但是，笔者在各地讲课所接触的工作圈子和身边的亲朋好友，以及社区邻居的圈子当中，有类似强行干预或者深度介入属于孩子自己的生活、学习和工作的行为的家长不在少数。

在此，笔者并不想从理论层面去论述，家长的这种行为有多么不合适或者不恰当。只是作为家长，是否可以换个思路问问自己：假如有人也同样强行干预或者深度介入你的生活、学习或者工作，你是否能够接受？你是否愿意接受这份"爱"？

家长对孩子的爱，到底应该给孩子一种安全、温暖、快乐、自在、放松的感受，还是应该给孩子一种压抑、无奈、拘谨、无力的感受？

第二个故事来自某大型国有企业的一位培训经理的转述。

笔者想取一个故事题目，叫作《父母的"爱"让我觉得自己一无是处！》。

故事的主人公暂且称呼为小李吧，父母均为新疆某兵团的团级干部。

小李以自己非常满意的成绩，毕业于西安一所985高校。因为大学四年的生活，他完全适应了西安的各种环境，并且凭着自己比较优秀的学业成绩和各种努力，已经在西安找到了一份自己比较心仪的工作。

可当小李兴奋地向父母汇报准备报到上班的时候，他收到的却不是父母的祝福和鼓励，而是一份不能质疑、不能抗拒的命令：必须回父母所在的兵团，因为已经为他安排好了去一家大型国企在当地的分公司上班！

起初，小李还试图说服父母让他留在西安工作，可是，父母一番"这都是为你好、你一个人在西安受欺负了怎么办？不在身边照顾你会让父母很担心！国企多好，我们又有积攒多年的人脉……"的轮番轰炸，加上"我们就你一个孩子，你就忍心把我们扔下不管"的撒手锏，小李最后只好"乖乖"地回到父母所在的兵团。

如果事情到此为止，也不算太糟糕。

可是，小李回到兵团之后，依照父母的安排去了那家大型国企，还没等到正式上班，在新员工入职培训的时候就出现了严重的问题。

那位培训经理转述，当她看到小李在新人培训班的状态时，真的非常心疼——因为那是小李完全没有兴趣的一个行业，专业也完全不对口。更加糟糕的是，小李四年大学生活都是在西安度过的，已经完全无法适应兵团当地的各种环境（包括人际环境和生活环境等），加上新人培训的高强度训练节奏，他第三天就生病进了医院——不是一般的感冒发烧，而是整个头部莫名其妙地长了很多类似湿疹的大大小小的疱，直到长达半个月的新人培训结束，小李还在医院住着……

我并没有追问小李后来的状况，只是那位培训经理转述，有一次她到医院去看望小李，小李很沮丧、很无奈地告诉她："我现在觉得自己就是一个废物……"

笔者无意责怪或者批评小李父母的独断专行，更不愿意去质疑这对父母对孩子的"爱"——只是想与翻阅至此的你——我亲爱的读者朋友一起，尝试着问自己这样一些问题：

——家长是不是一定要给孩子一条自认为正确无比的人生（或者职业）道路，才足以表达或者释放对孩子的爱？

——家长是不是只要以爱的名义，就可以替代孩子做任何的选择和决定？

——家长是否需要考虑孩子是否能够承受那份"浓得化不开""如山峦般厚重"的爱？

——家长对孩子的爱，到底应该是包容、祝福、鼓励，甚至放手，还是应该责令、担忧、收复，甚至钳制？

上述两则故事中的主人公——两个家长眼中的孩子，一位已经工作了三年多，一位大学刚刚毕业，都已经是成年人了。一位来自普通家庭，一位来自干部（中产）家庭，表面看起来只是一个个案，但是，在千千万万个家长中间，在千千万万个孩子，尤其是还未成年的孩子中间，类似的故事难道不值得作为家长的我们，再重新审视一下自己心中对孩子那份自称"正当无比、理所当然"的爱吗？

在此，笔者分享一个与女儿在小学期间的互动片段。

因为作者工作的原因，女儿先后在老家赣州、深圳就读过三所不同的小学。等到三年级转学到上海的时候，已经是女儿在小学阶段就读的第四所学校了。

后来，由于搬家之后离学校太远（单程公交需要一个半小时左右），又不忍心再次给女儿转学，只好让她在五年级的时候作为寄宿生住在学校——每周五放学回家，周日晚上或者周一早上再返回学校。

记得是冬季的某个周一早上（因为实在想让女儿在家多待一些时间），为了赶上学校的早自习，女儿只能天还未亮透就起床洗漱，赶早班车去学校……其实，只要是为人父母，相信都会心疼。

而真正心疼的是后面发生的一件小事：

大约女儿出门下楼之后五分钟左右，枕边的电话就响起来了，我接起来问女儿有什么事情，女儿告诉我说，她忘了一点东西，但她接着又说："算了吧，还是我自己回来拿……"这个时候，她妈妈要求我起来帮女儿送出去，我狠狠心还是拒绝了，甚至连她妈妈要自己去送也被我阻止了（为此我们夫妻俩还小吵了一架）。

后来我问女儿："为什么当时不要求我们帮她送去，而是选择自己跑回来拿忘记带的东西？"女儿还略带委屈地说："爸，我提出要求你会答应吗？"

的确，即便到现在为止，除了想起来还会有点心疼之外，我也仍然坚持认为这样的做法才是对女儿真正的爱——直到她在海外上大学时，我们再次提及这件事情的时候，女儿才真正体会到这份用心，我也收到了来自女儿内心深处的谢意！

之所以记述这样一件小事，是因为就笔者的认知而言，家长（父母）对孩子的爱应该有以下不同的层次和不同的表达方式：

第一个层次是，基于当下的、情绪层面的爱。比如日常的问候、交流，以及拥抱、亲吻等。

第二个层次是，基于身体、心理健康关切层面的爱。包括身体不适或者生病时的饮食、起居照料和呵护，以及及时发现孩子的不同情绪状态并予以关切等。

第三个层次是，基于孩子更长远的未来，乃至一辈子的品性养成的爱。

这需要家长与孩子共同建立一些行为原则和底线，并在孩子因为触犯原则和底线而"装可怜"的时候，能够理性甚至"冷血"地坚持。

表面上，家长向孩子表达前面两个层次的爱，应该是一件非常简单的事情——你只需要陈述你观察到的事实或者孩子的某些表现，然后向孩子表达你的关切即可。包括：

当孩子取得某些成绩的时候，及时送上一句赞美，"爸妈很高兴看到你通过自己的努力，取得了这样一个好成绩"之类；或者在孩子碰到某些挫折和困难（包括学习成绩不是很理想，或者其他事情完成得不是很好等情况）的时候，及时送上安慰和鼓励，"爸妈知道你已经尽力了……没关系……我们一起看看在哪些方面可以做得更好，爸妈和你一起努力，一起加油"之类。

可是，很多家长却在这种关键时刻画蛇添足，眼里看不到孩子的努力和成长，执意去挑孩子的不足之处，甚至忍受不了与别人家孩子的某些差距。其中，很多家长常常挂在嘴边的两句话——"你看看人家的孩子"和"这都是为你好"，就足以完全消解甚至对冲掉家长此前对孩子所做的很多"真正关切和爱"的举动。

总的来说，父母对孩子在前面两个层次的爱的表达和传递上，应该把握的一个重要原则和尺度是：重事实，少判断。意思是，无论孩子的表现触发了我们的正向情绪还是负向情绪，家长需要重点关注的是已经发生的事实，而不是急于针对事实去做出你认为正确的判断。

一起来看看下面两种常见情形下，不同思路和方式的交流互动：

情形一：孩子测验、考试成绩不理想。

——"××，这次考试成绩不太理想，是吗？……你知道什么原因造成的吗？……要不要爸爸、妈妈和你一起来看看是什么原因？……如果知道原因，以后是不是就能够避免类似的问题发生？……爸爸、妈妈相信你下次一定能够做得更好，你觉得可以吗？"

——"××，这次的成绩怎么这么差？……就知道你上课又不专心听讲……又是这么粗心……考完肯定没有好好检查……都跟你说了多少遍了……下次还这样，看我怎么收拾你……"

情形二：转季或者平时天气变化，孩子不听及时添减衣物的建议，生病了。

——"××，是不是很不舒服？告诉爸爸、妈妈哪里不舒服，好吗？……没关系，一会儿吃点药（去看看医生），很快就好了……生病了是不是很难受？你觉得爸爸、妈妈会难受吗？……以后愿不愿听爸爸、妈妈的建议？……"

——"××，你看看你，又不听话……这下好了吧？每次都这样，好像爸爸、妈妈会骗你似的……下次再这样，我们就不管你了……"

可以肯定的是，无论以上哪种交流互动的方式，恐怕都源于家长对孩子的关心和爱，问题在于孩子是否能够真切地感受得到？孩子是否真正理解和接受这种关心和爱的表达？

所以，明代晚期著名学者吕坤（1536—1618）所著的语录体、箴言体的小品文集《呻吟语》中关于孩子教育的"七不责"训诫，实在值得很多家长谨记在心。包括：

（1）对众不责。在大庭广众之下，不要责备孩子，要在众人面前给孩子以尊严。

（2）愧悔不责。如果孩子已经为自己的过失感到惭愧后悔了，大人就不要责备孩子了。

（3）暮夜不责。晚上睡觉前不要责备孩子。此时责备他，孩子带着沮丧失落的情绪上床，要么夜不成寐，要么噩梦连连。

（4）饮食不责。吃饭的时候不要责备孩子。这个时候责备孩子，很容易导致孩子脾胃虚弱。

（5）欢庆不责。孩子特别高兴的时候不要责备他。人高兴时，经脉处于畅通的状态，如果孩子忽然被责备，经脉就会憋住，对孩子的身体伤害很大。

（6）悲忧不责。孩子哭的时候不要责备他。

（7）疾病不责。孩子生病的时候不要责备他。生病是人最脆弱的时候，孩子更需要父母的关爱和温暖，这比任何药物都有疗效。

至于第三层次"基于孩子更长远的未来，乃至一辈子的品性养成的爱"，从笔者的观察来看，更是很多家长完全缺失的一门功课。

先来看看一个屡见不鲜的情形：

当孩子比较小的时候，走路摔跤或者与一些障碍物磕磕碰碰，几乎是无法避免的事情。

可是，很多家长的做法实在令人匪夷所思：几乎都是本能地抱着孩子，然后对着地面或者其他障碍物说："这地不好、这桌子很坏……把我们宝宝弄痛了……"——我不否认任何家长看到孩子有伤或者痛都会心疼，但是，孩子的伤或者痛真的是由于地面或者其他障碍物造成的吗？稍有理性的家长都很清楚，真正的原因只有一个：那就是孩子自己不小心造成的！既然如此，为什么竟然为了"心疼"孩子，把原因迁移（怒）到无辜的地面或者障碍物上呢？受这种影响的孩子，在成长过程中怎么可能学会对自己的行为负责呢？一个连自己的行为都无法（或者不愿）承担责任的孩子，又怎么可能在成年之后去面对更多、更复杂的事情呢？

所以，笔者认为，家长对孩子真正的、能够让孩子受益一生的爱，是第三层次"基于孩子更长远的未来，乃至一辈子的品性养成的爱"。

这些品性包括但不限于，诸如"对自己的行为负责（责任和担当）""兑现自己承诺过的事情（诚信）""遵守交通法规和其他相关的明文规定（规则意识）""在公共场合保持安静、不大声喧哗，借用别人的财物及时归还，得到别人帮助表达谢意等（公民意识及尊重他人意识）""坚持把一件事情做完（意志品质）"，等等。限于篇幅和本书的主旨，这里就不再深入探讨了。

接下来分享的是，在向孩子表达和传递第三层次的爱的时候，家长应该注意的几点：

一是必须清楚地知道，在未来十年、二十年，甚至更长时间的一辈子，你到底希望孩子成为一个什么样的人？——这就是所谓的方向和愿景！

二是在前述清晰并且恒定的方向基础上，你是否能够逐步与孩子一起共同建立一些不可逾越的行为红线？——这就是所谓的原则和底线！

三是在前述方向和原则基础上，你是否与孩子成长教育过程中的其他关系人达成共识？——这就是所谓的环境和氛围！

四是在与孩子的日常互动或者某一具体事情的沟通过程中，是否能够提醒自己不被当下的情绪所左右？——这就是所谓的理性和克制！

五是在孩子对你的某些建议和主张不太理解甚至对你产生一些埋怨的时候，你是否能够忍受那种委屈和难受？——这就是所谓的耐心和隐忍！

如果家长能够常常问问自己："这是真的爱孩子吗？"相信我们心底深处的，几乎来自本能的对孩子的爱，将能够让孩子真切地感受到，并且能够得到来自孩子内心深处的、真挚的回应，因为：

> 天下父母皆言爱，天性自来无需猜；
> 如何表达是关键，三个层次次第排；
> 日常问候肌肤亲，关切在心爱常在；
> 身心呵护要及时，悉心引导方开怀；
> 最是深沉一生爱，方向愿景不能歪；
> 再立原则和底线，环境氛围一起来；
> 勿忘理性和克制，耐心隐忍含苞待；
> 品性养成需滋养，有爱静待花自开！

二、关心，严重错位

估计很多身为家长的读者看到这个问题的时候，第一时间闪过的念头是，"我不关心我的孩子？难道是你在关心我的孩子？……"

假如我的判断没有错，请暂时收起你心中的不满或者委屈，继续尝试着问问自己以下问题：

——你认为在哪些情形下，孩子最需要家长的关心？

——你平时对孩子表示关心的时候，都采用过哪些具体的方式？

——当你用自认为很好的方式关心孩子之后，你注意过孩子的反应吗？

——你是否认为，只要是你表达的关心，孩子都应该欣然接受？当你的关心孩子并不领受（情）的时候，你做出过什么反应？

——当孩子向你提出某些要求（尤其是一些确认过分的要求）的时候，你是如何应对的？

——……

下面，我们就上述所列问题，结合常见的日常场景和情形进行一些探讨。

一般来说，绝大多数的家长都能够在孩子处于以下两种情形的时候表达自己的关心：

一是情绪低落或者害怕的时候。比如遇到某种困难、遭受某种挫折或者某些打击的时候。

二是生病或者受伤的时候。这两种情形之下的关心的确能够让孩子感受到来自父母和家庭的温暖，也能够让孩子获得一定的安全感。

实际上，如果家长能够在以下关键时刻及时给予孩子真切的关心，提供正向、积极的反馈，必定能够更加有效地培养孩子阳光、健康的心理和良好的意志品质，从而帮助孩子逐步建立强大的、内在的自信心。

（1）当孩子向我们讲述发生在他身边的一些趣（小）事的时候。

我们是抱持耐心认真倾听，还是显得不耐烦，甚至中途打断？是饶有兴致地适时询问细节，还是面无表情地假装在听？

（2）当孩子为某件事情高兴或者兴奋的时候。

我们是与其同乐还是视而不见？是诚意询问令其高兴或者兴奋的关键细节，还是笼统回应"真替你高兴，看到你开心真好"之类的表面敷衍？

（3）当孩子对某件事情、某个景物，或者某个现象产生兴趣（好奇）的时候。

我们是积极支持还是消极阻止？是否愿意（能够）进一步询问孩子之所以产生兴趣（好奇）背后的原因？是否愿意和孩子一起去发现或者感受那些令人产生兴趣（好奇）的具体细节？

（4）当孩子向我们提一些看起来幼稚或者难以回答的问题的时候。

我们是给予耐心的回答、解释，还是敷衍了事，甚至干脆胡编乱造？是否敢于向孩子坦诚自己也有很多东西不懂？是否愿意和孩子一起去寻找某些问题的答案？

（5）当孩子专注地做完某件事情（甚至是玩游戏、看电视节目，或者做其他在家长看来有些无聊的事）的时候。

我们更加关注的是孩子做的是什么事情，还是孩子专注于这件事情背后的某些品质？如果孩子专注的并非你认为"正确"的事情的时候，是否能够克制住自己，不在中途强行制止或者打断？是否愿意（能够）进一步询问孩子专注于某一事情时的真切感受，并发现孩子可能存在的某些值得鼓励和挖掘的品质？

（6）当孩子想尝试之前从未做过的某些事情的时候。

我们是向孩子及时提供积极的支持和鼓励，还是因为某些可能存在的风险而蛮横地阻止？是否愿意（能够）和孩子一起面对并承担可能失败的后果？是否愿意（能够）进一步询问、了解孩子之所以想尝试的真实动机？是否能够关注到孩子发出某些请求帮助的信号？

（7）当孩子在公众场合遵守相关规则的时候。

我们是及时发现并给予鼓励和赞赏，还是视而不见？是否愿意（能够）进一步询问孩子为什么能够这样做？从哪里知道应该这样做？是否愿意（能够）与孩子交流如何看待这样做可能会"吃点亏"的情况？

（8）当孩子对弱势群体有所关注的时候。

我们是鼓励赞赏孩子这种关注，还是无视甚至阻止这种关注？是否有认真观察孩子的表情变化和情绪反应？是否引导、鼓励孩子向弱势群体做一些善意的反馈或者举动？是否愿意（能够）引导孩子建立对这样的群体也同样需要给予尊重的意识？是否愿意（能够）呵护孩子可能已有的同情心和恻隐之心？

……

相信还有更多的场景和情形，孩子会有从心底想得到家长关心的期盼。

只是大部分时候，家长都可能想当然地将自己认为正确或者合适的关心"强行"给了孩子——孩子就只能做出两种选择：

一是假装接受这份关心，实际上心里很失落。

二是直接做出不领受的反应。无论如何，这样的关心不但没有任何作用，还有可能破坏与孩子亲密互动的关系。

所以，家长对孩子真正的关心，至少应该做到以下几点：

（1）看见，更要听见。

不但要对孩子的行为及其结果做出及时的回应，更要向孩子发出"我愿意和你一起"这样的信息并传递这一意愿，继而进行适度的询问，了解孩子内心的真正诉求，以便做出积极的响应，包括鼓励、赞赏和支持或者安抚、提醒和建议等。

（2）主动，但需适度。

在家长做出某些表达关心的具体行为之后，注意观察孩子的反馈。询问要适可而止，不能穷追不舍，甚至触及孩子自行定义的"隐私"——因为在你看来无关紧要，但是对于孩子来说却不尽然。

（3）满足，但不迁就。

在孩子向家长明确提出某些需求或者需要的时候，在不超越彼此约定的范围，或者的确是生活、学习所需的情况下，要及时回应并满足孩子的要求。但是，超出家长现有能力范畴之外的任何要求，都不能轻易迁就孩子——要愿意向孩子坦诚自己并非无所不能。

（4）具体，而不空泛。

在家长向孩子表达关心的时候，不能笼统、含糊，或者仅仅停留在空泛的言语上，要有具体的举动，包括开启有效的交流和对话、亲吻拥抱等肢体动作，或者一起参与实际行动等。

（5）及时，还是及时。

当发现孩子有某些具体表现并期待得到家长关心的时候，要在第一时间做出回应。虽然事情过去之后再表达关心也没有错误——糟糕的是可能孩子已经忘记这件事情，甚至已经不再有期盼了，但是孩子当下的那份失落或者失望可能会让他的记忆更加深刻。

所以，真正对孩子的关心，除了有心之外，更要有形、有行。

所谓：

世上孩子需关心，却说关心靠本能；
但凡实际无举措，哪怕沥血也枉然。
情绪低落有病痛，嘘寒问暖当可赞；
更有期盼藏心头，能否彼此把话谈。
关键时刻需看见，主动询问忌空泛；
具体行动来落实，如是关心方周全。

三、尊重，心口不一

如果笔者断言，中国大部分家长都没有尊重孩子的意识，更谈不上真心尊重孩子，估计会遭到很多家长的强烈反对。因为很多家长的确在孩子的成长教育过程中付出了很多的心血，甚至想尽一切办法在满足孩子的各种吃喝玩乐和衣食住行等方面的要求。真正的问题恰恰在于此——难道家长的付出和对孩子这些要求的满足就是尊重吗？试想一下，当你能感受到被尊重的时候，仅仅是因为别人一味地付出，甚至满足了你一切物质层面的需求吗？

除此之外，还有更多的家长（即便是所谓的高级知识分子）打着"爱"的名号，对孩子"为所欲为"更是让人唏嘘不已！

记得2016年国庆节后，有一篇题为《我们如此深爱的儿女，他们爱我们吗？》（作者：龙建刚）的文章在社会上广为流传。建议有兴趣的读者暂时放下先入为主的判断，抱持足够的理性，再次重温一下这篇文章所记述的两件事情。

2016年10月4日晚九点，国庆长假第四天，广州一所著名大学任教的老友在电话中泣不成声，断断续续讲了很久才弄清事情的原委：10月1日清早，他们夫妇俩乘高铁前往南京，看望在南京大学中文系就读的女儿。行前为女儿准备了很多她爱吃的零食，比如蛋塔、酸奶，打算给女儿一个意外的惊喜。没想到见面之后却碰了一鼻子灰：女儿不仅没有一点惊喜，反而满肚子怨气，责怪父母为什么不经她同意就去南京，对她极不尊重。

妈妈：我们想念宝贝女儿了，可女儿说天天微信，还有什么好想的，你们的感情也太泛滥了。爸爸：妈妈第一次到南京，叫女儿陪去转转。女儿回答：和同学约好了，要去苏州玩，让爸爸、妈妈自己玩，然后就匆忙而去……夫妇俩在南京转了一天，越想越不是滋味，索性乘坐高铁返回广州。老友在电话中问我：龙兄，你说我错在哪里？"我不知怎么回答……

我今天从太原赶回佛山，原本想和老家来的老同学见面，尽地主之谊，没想到情况几乎一样。他们的女儿今年九月刚刚考到广州的一所大学就读，国庆专程来广州陪她。可女儿并不领情，只顾着玩手机，他们想去宿舍看看也进不去。问其为何如此冷漠，女儿说，一是有代沟，二是爸爸总是批评她。见话不投机，老友装着想回去，没想到女儿却变得兴奋，马上进携程网帮他订了回家的火车票……老友说："现在的孩子和我们这代人不同了，当年我们读书，有家人来探望是多么地高兴啊!"他流泪,我也流泪……

  这篇文章自然引发了全社会的广泛关注和讨论——作者无意为文中两个孩子的行为表现辩护,但是,如果一味强调家长(父母)的委屈,单方面指责(谴责)孩子,恐怕不仅有失公允,还有可能加剧孩子与家长之间的分化和对立——文章中并未交代更多的细节,但是有一点是可以肯定的,两个孩子的家长为了表示自己急切的"爱",并没有提前知会自己的孩子,更别说征得孩子的同意,甚至还美其名曰给孩子"一个意外的惊喜"……我不确定阅读至此的你——我亲爱的读者,如何看待发生在孩子与家长之间类似的事情。

  笔者的建议是:请你暂时放下心中的各种情绪,认真问问以下问题:

  (1)你是否认为孩子还小(尤其在初中阶段以前),很多事情都不懂或者不需要懂?

  (2)你是否认为孩子可以或者必须帮助你实现某些自己未曾实现的愿望?

  (3)你是否认为孩子还小(尤其在初中阶段以前),就没有或者无需做出自己的判断和决定?又或者孩子自己的判断或者决定都可能或者一定不靠谱?

  (4)你是否曾经在没有征得其同意的情况下,要求孩子在亲朋好友面前展示过才艺?

  (5)你是否在孩子出现某些不端行为、举动的时候,觉得自己很没有面子而当众斥责过孩子?

  (6)你是否经常在孩子面前夸赞别人家的孩子,表露出一副恨铁不成钢的样子？

（7）你是否认为大人之间的摩擦或者矛盾都不能让孩子知道？

（8）你是否认为诸如搬家、转学、出游、接待客人及其他家庭中的重要事务，都无需与孩子交流沟通，孩子只需听话照做？

（9）你是否认为孩子根本无法处理他与同学和成长伙伴之间的矛盾纠纷，而未经孩子同意就强行介入或者干预？

（10）你是否认为为了不影响孩子的学业，即便家庭出现重大变故都必须或者曾经刻意地隐瞒孩子？

……

如果上述所列问题，你无法做出确定的回答，甚至稍有迟疑，都可能意味着你根本没有尊重过孩子，或者说你的尊重根本不是孩子内心能够确切感受到的尊重！

举两个司空见惯的场景：

一是让孩子在亲朋好友面前表演才艺的情形。

作者并非完全反对让孩子在众人面前表演才艺——在某种程度上这也是鼓励孩子、锻炼孩子自信心的一种有效途径。问题在于，家长是如何做的。

笔者的做法是，无论是客人到自己家中，还是带着孩子去别人家做客，我都会提前告诉孩子，有可能会有人要求或者想欣赏你的才艺表演，让孩子做好一定的心理准备，并引导孩子认识到这也是锻炼自己的一个机会。一般情况下，只要我们能够提前知会，并阐明这种表演机会的好处，都能够得到孩子的积极回应。

与此同时，如果孩子明确表示不愿意，我也会表示理解并支持，并适时鼓励说："这次你放弃这样一个锻炼的机会，一定是有什么担心或者困难，爸爸、妈妈理解你，也一定不会为难你……等以后有类似的机会，爸爸、妈妈还是建议你能够勇敢地迈出这一步，珍惜这种锻炼自己的机会……等未来练习得更好、准备得更充分的时候，相信你一定能够有更好的表现，对吗？……"

值得注意的是，如果有客人临时要求孩子表演的时候，作为家长一定要谨守自己对孩子的承诺，不能为了当时的"面子"对孩子连哄带骗，甚至威逼利诱。

二是为孩子购买衣物的过程。

相信很多家长都会认为孩子还小（当然在孩子处于婴儿时期，尤其是尚未有语言表达能力时除外），没有审美能力，更无法判断产品的质量和价格，所以，基本上都会认为无需跟孩子商量，直接买好即可。事实上，这恰恰是培养孩子选择和决断力的一个极好的机会——当家长愿意与孩子商量并询问孩子对衣物款式、颜色等的偏好时，除了给了孩子一个自主选择的空间和机会之外，更重要的是，会在孩子心中留下"他是一个完全独立的个体、他拥有对自己的事情做出自主选择的权利"等正向暗示的种子。因为真心尊重的其中一个重要维度就是，让对方拥有并能够行使自主选择的权利！

当然，很多时候，尤其在孩子上初中之前，即便我们主动与孩子商量，也不见得能够得到孩子确定或者准确的反馈。问题是，对方主动放弃选择的机会和权利，与我们根本不提供或者干脆阻断对方这种机会和权利，是两种截然不同的做法，将直接在孩子心中产生不同的感受，也对孩子未来的成长埋下完全不同的种子。

所以，真正尊重孩子必须建立以下意识和认知：

一是从内心承认，孩子是一个完全独立的个体。

要知道，孩子拥有和其他人（尤其是成年人）一样的权利——

即便由于心智尚未成熟、定型，不见得能够合理、有效地行使这些权利。

二是时时提醒自己，孩子并非家长装点门面或者挣面子的工具，尤其要克制那些一时的冲动。

我承认，孩子能够有优秀的表现，的确可以为家长赢得很多的面子，满足内心的虚荣。可是，当家长一味地依赖或者沉浸在孩子挣回来的所谓"面子"的时候，估计孩子也就自然"堕落"成家长手中的玩偶了。

三是任何与孩子有关的事情，都要与孩子提前商量、沟通，并在原则和条件允许范围内，认同并支持孩子的选择和决定。

四是承认并确定孩子在家庭成员中的同等地位。尤其是家庭中的一些重要事情或者决定，都需要提前知会孩子，并切实做好沟通、解释，尽最大可能取得孩子的认同和支持。如果家庭遭遇某些变故，也尽量如实告知孩子，让孩子知道家长有能力和信心去面对这些变故，并尽量争取孩子的积极支持和配合。

正所谓：

> 大小事务未知一，孩子心思谁人知？
> 从来不曾主动与，却道孩子不懂事；
> 若把真心来尊重，承认独立与个体；
> 提前知会加商量，如是方能得支持！

四、专断，忽视孩子的权利

可以断言：任何人都有对成功的渴望。所以，父母（家长）期待孩子成功的心愿也同样是天经地义，无需质疑的。只是我们有必要深入探讨一下，到底什么是成功？我们定义的成功，孩子会真心接受吗？

先来看一个孩子学习功课的场景：

假定你小学阶段的孩子在满分 100 分的某次数学考试中，最终成绩是 86 分。

家长应该如何看待这样的结果呢？如果单纯以 100 分为标准，似乎这样一个成绩很难被划归到成功的范畴。但是，如果加上以下背景条件呢？

（1）假如之前孩子的考试成绩一直都在 85~90 分徘徊呢？

（2）假如这次考试，孩子所在班级、年级的平均分在 86 分之上或者之下呢？

（3）假如孩子上一次考试成绩在 86 分之上或者之下呢？

（4）假如孩子说自己很满意这个成绩呢？

（5）假如孩子自己虽然也不太满意这个成绩，但是，孩子已经尽力了呢？

（6）假如孩子平时的作业都能认真完成，只是这次考试的题目难度偏大呢？

（7）假如孩子其他科目的考试成绩比这个成绩更差或者更好呢？

（8）假如这次考试正好碰上孩子参加学校其他活动的集中训练呢？

（9）假如孩子这次考试正好处于身体不舒服的状态呢？

（10）假如……

通过上述一系列可能的假设，相信绝大部分家长并不会仅仅就 86 分这个结果做出一个简单的判断了。

所以，当家长试图让孩子朝着成功的道路上迈进的时候，真的有必要问问自己两个问题：

（1）家长是否有一个属于自己的、确切的成功的定义？

（2）家长定义的成功是否能够得到孩子的认同或者说孩子是否接受？

就笔者的观察而言，很多家长并未或者从未思考过上述两个问题。普遍的情况是，将社会上一些取得了某些成就（尤其在物质财富上）的人士当作成功的标准范本。于是，很多家长就自行建构了一条看起来正确无比的，让孩子迈向成功人生的成长路径：成绩好——上名校——好前途——挣大钱——成功人生。

可是，当家长在为孩子设计的这条道路沾沾自喜的时候，不知道是否问过自己以下问题：

（1）你能够对孩子所谓的"成功人生"做出具体而准确的描述吗？

（2）你的"成功人生"是否与孩子心中的"成功人生"一致？

（3）你有信心对孩子 20 年，甚至更远的未来所谓"成功人生"，做出准确的判断吗？

笔者并不否认，有些人士的确可以当作成功的范例之一。但是，恰恰是这种对成功单一维度（即物质财富）的定义，已经让成功这个词成了很多人的"梦魇"。因为当一个人在追求物质财富的道路上蒙眼狂奔时，且不说能否最终实现他成功的梦想，仅是内心的空虚和浮躁就有可能最终把他毁在半道上——作者不想在此列举那些让人唏嘘不已的故事了。

所以，当家长试图让孩子拥有一个成功人生的时候，首先有必要对成功的定义进行多维度的思考和梳理。包括：

（1）成功的评价向度。

即家长定义的成功，是否仅仅依赖外部的（包括身边亲朋好友、社区邻居，以及社会舆论）评价？还是会适度考虑内在的（包括孩子的兴趣爱好、个性特征，以及个体意志）的评价（即个体体验和感受）？

（2）成功的衡量标准。

即家长定义的成功，是否仅仅以孩子同学或者同龄人中的个别对象作为参考标准？还是能够把孩子过去的表现也作为一个参考呢？

（3）成功的多维因子。

即家长定义的成功，是否仅仅指向孩子的学习成绩这单一维度？还是会同时考虑孩子的兴趣爱好是否得到满足、身心是否健康、心情是否愉悦、品性是否端良等其他因素？

（4）成功的价值表现窗口。

即家长定义的成功，是否仅仅停留在有优秀的、可以值得炫耀的学业成绩上？还是会关注孩子与身边伙伴的互动关系，以及是否能够对身边的事物保持足够的好奇心和探求欲呢？

通过与孩子的沟通交流，让彼此关于成功人生的定义在方向上达成一致，在具体的评价尺度、衡量标准等因素中达成最大程度的共识。

然后，在前面两个条件的基础上，家长要以更长远的目光来看待孩子当下的各种表现。

正所谓：

天天念叨要成功，无奈成功太笼统；
常为孩子立标杆，无视成功大不同；
无论尺度与参照，细细梳理要慎重；
更与孩子常交流，方向一致才相融；
学业成绩虽重要，身心健康一生用；
毕竟世界多缤纷，各自花儿各自红。

五、跟风，无视孩子的未来

又是一个让很多家长会在第一时间感到不舒服的问题——毕竟没有家长会愿意承认自己未曾考虑过孩子的未来！

但是，仅仅从媒体曝光的一些案例就可以断言，一些家长所谓的为了孩子未来的一片苦心，最后都演变成家长与孩子之间一道难以愈合的伤痕：

——有的家长依照自己对社会风向变化的判断，在未经孩子同意的情况下，打着"一切都是为了你好"的旗号，逼迫孩子去上各种不同的兴趣特长班；

——有的家长费尽心思地打点各种关系，将孩子强行送到那些所谓的顶级学校，或者"火箭班""宏志班"；

——有的家长基于自己身处社会灰色地带生存法则的经验，自作主张地通过各种方式与学校或者老师建立所谓的"密切关系"，还美其名曰"为孩子创造良好的环境"；

——有的家长以自己所谓的经验，强行要求孩子填报自认为很有前途的专业，可是孩子没有任何兴趣；或者一些原来热门的专业，因为时代变化反而被边缘化，甚至被淘汰；

——有的家长以心疼、爱护孩子的名义，强行为孩子安排所谓的"好工作"；

——有的家长无视孩子在公众场合的一些不端行为，甚至还为孩子辩护"人家还是个孩子"；

——有的家长打着"学业重要"的旗号，从来不让孩子参与任何家务劳动，或者其他的社会实践及游乐活动；

——有的家长从来不检查自己的行为举止（尤其在公众场合），但对孩子又树立另外一套标准；

——……

无论上面情形有着多么冠冕堂皇的理由，至少在笔者看来，其本质都与"考虑孩子未来"这一宗旨背道而驰。因为只要继续追问下去，估计很多家长就不见得还能为其所谓的"为了孩子的未来"的口号理直气壮了。比如：

（1）你为孩子考虑的未来到底是多久以后的未来？3年、5年、10年、20年，一辈子？

（2）你是否认为孩子现在的衣食无忧也就意味着未来的衣食无忧？

（3）你是否认为孩子在你的羽翼下"顺心快乐"就必定能够保证其未来也"顺心快乐"？

（4）你是否认为只要孩子学业优秀，未来在工作和生活中也就一定会有足够优秀的表现？

（5）你是否认真思考过二十年，甚至更长远之后的未来，孩子身处的社会环境到底会是一个什么样的状态？

（6）你是否认真思考过，一个人在社会上独立生存、发展，以期过上更理想的生活，其底层的重要因素有哪些？

所以，真正为孩子未来考虑的家长，在关注孩子当下的学业成绩等方面的表现之外，一定会更加关注对孩子的一些品性、品行的培养，以及一些良好习惯的养成。比如：

（1）诚信、正直。

（2）直面困难和挫折。

（3）责任担当。

（4）自主选择和理性抉择。

（5）谦恭、包容。

（6）正义感。

（7）尊重生命、感恩他人、敬畏自然。

（8）自我管理。

（9）服务他人、方便他人。

（10）规则意识。

（11）安全意识。

（12）阅读的习惯。

（13）保持好奇和探索的习惯。

（14）锻炼的习惯等。

蔡元培先生在《中国人的修养》一书中说道："决定孩子一生的不是学习成绩，而是健全的人格修养！"以上这些品性、品行和习惯，才是真正重要的、伴随孩子一生的滋养。至少在作者的亲子实践中表明，只要家长真正重视培养孩子这些基础的品性、品行和习惯，无论是学业成绩还是其他方面，都会有一个完全可以让家长放心乃至欣慰的表现。

拿笔者女儿出国求学的事情举例：

女儿在高三阶段就独自一人去加拿大学习了。

当我们共同做出这一决定之后，身边的亲朋好友都纷纷表示担忧。有的说，一个女孩子孤身一人去一个完全陌生的国度，会不会因为寂寞、孤独而经不住诱惑走上邪路；有的说，万一孩子在人生地不熟的地方遇到困难，或者生病了该怎么办？……不一而足，最后都转化成对作者的抱怨和指责：像你这么"无情"的父亲真是少见！……只是这些说法或者劝告，从来都不曾引发过我的丝毫担忧——因为我相信女儿身上已经养成的那些品性、品行和习惯，足以帮助她去面对并处理好所有她需要去面对的事情，包括学业、生活及环境融入等。

事实证明，女儿不但能够以非常优秀的成绩完成她的学业，还能够毫无障碍地参与当地各类社团的活动，甚至成为活动的组织者。在她大三进入苹果公司总部实习期间，就在当地成功组织过一次上百人规模的"滑铁卢大学旧金山地区实习校友"的大型聚会。也是在这次聚会成功举办之后，女儿在视频电话中非常动情地对我说："爸爸，感谢你！你真的是一位伟大的父亲，因为你卓有远见的教育观念和方法，让我在异国他乡求学过程中，能够自己处理好各种各样的事情……"要知道，这一切恰恰来自此前女儿在国内念书期间，我们对她实施的"基于未来，品性养成"的教育，甚至我们常常"骄傲"地说："她在国内小学、初中乃至高一、高二的学习期间，我们几乎没有看过她的作业，也不那么关心她的学业成绩……"

所以，假如你是真心考虑孩子的未来，或许真的应该再三思量：

孩子未来虽遥远，却需家长有洞见；
当下表现要关注，夯实基础要提前；
基于未来定方向，品性品行根基垫；
如是践行养习惯，伴孩一生不斜偏。

六、陪伴，并未用心

陪伴孩子几乎是所有有关亲子教育的讨论中出现频率最高的，也是各类专家们最推崇的，并且广泛得到家长认同的一种亲子互动方式。单纯从这一表面现象看，似乎没有探讨的必要了，但是，从陪伴孩子这一方式所应该产生的效果看，笔者认为还是有进一步交流与分享的价值。

按理说借由陪伴孩子这一亲子互动方式，应该能够帮助家长与孩子之间建立起更加畅通的沟通交流管道，应该能够帮助家长与孩子之间建立起更加深度的信赖关系，更应该能够帮助家长与孩子之间建立起更加和谐的相处模式……可是，从平时听到家长的一些抱怨甚至委屈来看，"陪伴"似乎已经成了很多家长心头隐隐作痛的"暗伤"了。比如：

——我都相信自己是超人了，白天忙完工作，匆匆赶回家，头等大事就是陪着孩子，可是，这孩子似乎并没有感受到家长的付出；

——自从有了孩子之后，我都已经尽量回绝所有需要出差的工作了，一门心思就扑在孩子身上……孩子却不知道我在他（她）身上付出了多少心血，付出了多大的代价；

——陪写作业、陪做游戏、陪生日、陪周末、陪假期……真可谓"没有机会创造机会"地陪着孩子，可是，为什么还是那么让人不省心？

——……

如果笔者说有上述类似抱怨的家长并没有真的陪伴孩子，而是在看管、监视，甚至是在怀疑孩子，估计会有很多家长感到天大的委屈。其实，检测家长是否真的陪伴孩子，从以下几项简单的事实或者现象就能做出判断。比如：

（1）你确定知道或者了解孩子最近一段时间里，最高兴或者最沮丧的事情是什么吗？或者孩子会不会主动与你分享这些事情呢？

（2）你确定知道或者了解孩子最近一段时间里，最想实现的心愿是什么吗？

（3）你的孩子有主动与你分享过功课学业之外的其他趣事吗？有主动与你分享过他（她）心中的某些秘密吗？

（4）你的孩子有主动告诉你他（她）身体方面的不适吗？有主动与你分享过青春发育时期可能出现的心理困惑吗？

（5）你的孩子是否可以没有任何心理负担地向你汇报他（她）的学习成绩呢？是否可以没有任何心理压力地告诉你他（她）外出游玩的伙伴（包括异性）呢？

（6）你的孩子是否可以没有任何心理压力地与你分享一些关于

他（她）未来的一些想法和打算呢？

如果上述所列的情况极少出现或者从来没有出现过，可以非常确定地判断：无论你自称花了多少时间和精力陪伴孩子，基本上都属于"假陪伴"或者叫作"无效陪伴"——因为陪伴的效果与陪伴的频次，以及时长没有任何正相关关系，更别说因果关系了，而真正对陪伴效果起决定性作用的因素，是在陪伴孩子这一行为的事前、事中、事后，家长是否秉持一份没有任何杂念的真心。

何谓没有任何杂念的真心呢。

第一，家长必须从心底建立认知并认同这样一个核心理念，即"将孩子作为一个与家长拥有同等权利和义务的独立个体"。

因为只有在这一理念的指引下，家长在陪伴孩子的过程中，才有可能最大限度地放弃一些破坏陪伴效果的言行举止，包括看管、监视、怀疑、否定、指责、失望、沮丧等。

第二，要将"完成任务"的心态转变为"与孩子共同学习、共同成长"的心态。

因为这样的心态才能够消除孩子的心理负担（比如内疚、惶恐等），继而让孩子敞开心扉，建立并营造一个与孩子平等交流的氛围。

第三，在每次实施陪伴孩子的行动之前，家长有必要多问问自己以下问题：

——当你主动陪孩子做作业或者其他事情的时候，你有询问过孩子是否需要？假如需要的话，你有与孩子约定参与的深度和强度吗？

——当你工作太忙或者太累的时候，是强打精神去陪伴孩子，还是告诉孩子真实的情况，并向孩子表达一定的歉意？

——假如孩子与你交流一些和功课学习无关的事情，你是否愿意保持同样的耐心仔细聆听？

——假如孩子就某一事情表达出自己的观点或者看法的时候，你会更在意孩子的观点或者看法本身，还是更在意孩子能够有自己的观点或者看法？尤其是孩子的观点或者看法有所偏颇的时候，你是否能够克制住自己不做直接的反对或者否定？

第四，在每次陪伴孩子的行动结束之后，家长有必要向孩子陈述、反馈自己的一些感受，并对孩子的信赖表达谢意。

坦率地说，笔者由于工作原因，需要高频次、长周期出差，所以，在陪伴孩子这件事情上，无论是时间还是频率都极其有限。但是，从陪伴孩子的质量及其效果上看，还是令人满意和欣慰的——因为无论是已经长大成年的女儿，还是目前尚在小学阶段的儿子，都愿意主动与我们分享他们的喜怒哀乐，更可以毫无压力、毫无阻碍地与我们交流、沟通任何事情。

所以，陪伴孩子真正重要的不是时长，也不是频率，而是：

"一种平等的交流与分享"。

"一个彼此学习、共同成长的过程"。

"一个彼此发现、彼此欣赏、彼此鼓励的机会"。

有效的陪伴可以"身"不在，但"心"必须在，当然，"身心"俱在无疑更妙！

有道是：

> 亲子关系需陪伴，却听家长常感叹；
> 费时费神无效果，皆因未将精髓参；
> 六问辨别真与假，实践四点必有盼；
> 每每真心与孩儿，必将换来一家欢。

小结：成为体面的家长

经常关注孩子教育、成长相关话题的家长，应该能够发现一个有点诡异，却又极有共性的现象。

很多媒体在报道孩子入学、升学（包括幼升小、小升初，以及高考）时段所发生的一些现象的时候，总是很容易引发当事家长焦虑、焦躁，甚至是无奈、无力的情绪；而当媒体曝光一些有关孩子的负面事件或者恶性事件的时候，往往也会引发一波愤怒、无奈、惶恐等情绪在社会上弥漫……

作者之所以说这些现象有点诡异，是因为有太多的读者在获知这些媒体信息的时候，都不知不觉地被自己感性的情绪所裹挟，而放弃或者忘记对事件本身进行一些理性的分析——我不反对，也不想去质疑相关报道的作者对相关事件背后原因的一些分析。但是，当很多事情都归因到一些没有确定对象，或者个体完全无力改变，或者暂时来不及改变的笼统的"大环境"上的时候，自然就会使得人们产生愤怒、沮丧、失望、无奈等负面情绪，继而在社会上形成一种情绪场域。

所以，笔者的建议是，作为个体的家长，有必要从这种负面情绪的场域中抽身，用自己的理性，将注意力和精力专注在有利于孩子健康成长的事情上。

先分享一件横跨笔者女儿小学、初中及高中时段的事情：

女儿是小学三年级（2004年下学期）的时候由深圳转学到上海上学的。因为受制于当时家庭经济条件等因素，只好安排她在一家小规模的普通民办小学（金童小学，按当时媒体的说法就是农民工子弟学校）就读。

还算幸运，女儿通过自己的努力，加上校长、老师的帮助和推荐，在五年级毕业的时候，凭借"浦东新区十佳少先队员"的荣誉称号，破格获得了与本地户籍学生同等参加小升初入学考试的资格，并且以优异的成绩被浦东新区一所公办学校（建平西校）录取。

原本想着这是一件令孩子和家长都特别开心、满意的事情——因为笔者在2001年年初已经来到上海工作，按照当时上海的外来人口户籍迁入政策，只要我坚持到2008年前后，就有机会将户口迁入上海，这样等女儿2011年初中毕业的时候，就可以和本地户籍学生一样参加上海的初升高考试，然后……

然而，正如段子上讲的，"然后就没有然后了"——因为后来上海的户籍政策几番调整，我根本不可能有迁入户口的机会了。所以，即便女儿在建平西校就读的时候，学习成绩和其他各方面表现依然优秀，在她初中二年级上学期，她的班主任还是专门找到我，建议我尽早做准备，最好在女儿初三阶段就转回老家户籍所在地上学！

她的班主任说："我们老师也很舍不得这么优秀的孩子转学离开，但是，如果继续待在上海，孩子因为没有上海户口，将无法参加上海普通高中的入学考试，即便你们家长选择就读民办高中，等到高考的时候，仍然要回到户籍所在地参加高考。问题是你们江西高中阶段的课程和上海的完全不一样，如果在上海读高中，回江西参加高考，将会对孩子非常不利……"

笔者不避讳，时隔多年以后回忆起这段经历，心中那种愤怒、无奈乃至无力，以及对孩子的歉疚等情绪仍然难以消弭……

所幸的是，当时我们并没有被这些让人有锥心之痛的情绪所裹挟，而是选择了与女儿进行坦诚沟通的思路和办法，并告诉她："为了避免以后那些麻烦，而爸爸、妈妈又没有能力应对或者处理的事情，只能委屈你离开熟悉的校园，熟悉的老师、同学，以及熟悉的生活环境，回到老家赣州去适应一个全新的环境……人一辈子总是会遭遇到很多的困难、挫折，只是这种挫折带来的打击对于你来说来得有点早。但是，爸爸、妈妈相信你能够克服这些困难，做一个始终优秀的自己……爸爸、妈妈也同样陪着你回到家乡，一起去面对所有的一切……"

回忆这段经历，笔者真正想表达的是，无论周遭环境如何，如果家长能够警惕，不被社会上的负面情绪场域所裹挟，并且将注意力和精力回到解决问题的理性中，及时向孩子坦诚自己的能力和其他各个方面都有限。但是，一定会在这个限度范围内，竭尽全力呵护、陪伴他（她）健康成长，就一定能够得到孩子的理解、支持和配合。同时，孩子也能够体会到父母（家长）对他（她）的那份不计任何回报的爱。于是，你就完全有机会将自己变成一位体面的家长。

总的来说，做一位体面的家长并不是一件多么艰难的事情，切实做好以下几件事情，应该就会水到渠成：

（1）切忌给孩子一个父母（家长）无所不能的假象。

尤其在碰到实际困难的时候，即便事情与孩子并没有太大关系，都没有必要刻意隐瞒孩子。如果与孩子有直接关系，更应该主动、坦诚地与孩子沟通、交流，并鼓励孩子和家长一起去面对困难、克服困难，因为这样做，才能让孩子切实感受到被尊重——一种被需要的感觉，将会让孩子更愿意信赖你！

（2）尽最大力量去做好父母（家长）应该做好、能够做好的事情，不要被那些无能为力的事情牵引自己的情绪。

家长应该成为孩子学习的一个正向的榜样，要在自己能力允许并且可控范围内，积极寻找解决问题的方法，而不是怨天尤人，甚至感叹自己和孩子命运多舛。

（3）切忌打着"为了你好"或者"爱"的旗号，背着孩子去做一些孩子自己并不接受或者认同的事情。

正常情况下，家长向学校和老师了解孩子各方面的表现，既是应尽的义务，也能够得到孩子的理解。但是，有些家长却趁着这种机会，甚至采用一些暗箱操作的手段，要求老师给自己的孩子一些特别的照顾。表面上看，家长的确为了孩子更好，但是，绝大多数这样做的家长都没有意识到，这种做法恰恰是对孩子的伤害——除了没有被尊重的感觉（因为你并没有经过孩子的同意或者与孩子商量达成共识），更严重的是，孩子会认为家长对他（她）没有基本的信任——这就是很多家长一厢情愿付出，却得不到孩子的理解，甚至引发了孩子敌意的重要原因之一。

（4）任何有关孩子的事情，都要坚持与孩子交流、沟通，并鼓励孩子为自己的事情做决定。

哪怕是买一个小玩具或者一件衣服，建议家长都要养成询问孩子意见的习惯，并逐步培养孩子自己做决定。这样做的好处是，孩子会慢慢意识到他（她）有权利、有义务，也有责任为自己的事情做出判断和决定——且不说这也是一项非常重要的品性，至少让孩子能够获得存在感。

笔者愿意相信，任何一位家长都愿意自己是体面的——既能得到孩子的信赖，又能让孩子为你感到自豪和骄傲。

果真如此？如是实践即可：

何谓体面之家长？孩子信赖是为纲；

凡事与之勤商量，切记不可僭越尝；

无所不能身心累，一旦识破孩失望；

多让孩子做决定，如是亲子更健康！

| 第二章 |

放下执拗的六条路径

一、直面身处的环境

相信没有人会断然否定环境对每一个个体的影响，无论这种影响是基于个体的主观能动性还是迫于无奈的被动接受——最直接的例子就是，一个人饮食习惯的逐步养成及随着生活环境迁徙而发生的变化——至于各种不同层次、不同类别的环境，到底是如何对个体产生影响的，影响的实施路径及深浅程度等问题，并非本书需要探讨的范畴。

回到本书"放下你的执拗，孩子可以更优秀"这一主旨上来，有以下两个层面值得思考：

一是为什么直面身处的社会环境，是家长放下执拗的入口？

先说说笔者的一段心路历程：

在我四十岁左右的时候，如果不是有机缘去过一次位于青海省的塔尔寺，近距离观察、了解了很多藏族同胞真实的生活场景，估计到今天快五十岁的我，仍然会顽固地认为：要想达成自己期待的

"人生幸福"之目标，有且只有一种方式——那就是将绝大部分精力投入到能够产生可见的劳动成果的各种工作（劳作）当中。因为无论是小时候看父母在田间劳作，还是自己参加工作之后的所有经历，似乎都在向自己反馈同样的信息，甚至是信念。

但是，当我也以磕长头（当时的第一念头就是尝试一下，并没有其他考虑）的方式游历塔尔寺，并认真听完当地同行的一位伙伴的详细介绍和解说之后，我开始愿意相信：任何一个个体，都有自己期望达成"人生幸福"目标的、独特的方式。及至后来有更多的机会到不同民族生活的地域，看到更多完全不同于自己成长经验的工作和生活方式，心中渐渐能够生出那种释然、平和的感受——即便我依然延续着自己的工作和生活方式，以期达成"人生幸福"的目标。

多年以后的今天回想起这一幕，我仍然会问自己：如果当时在塔尔寺仅仅是走马观花地到此一游，是否还能有这么深切的感受？

所以，至少切身经历告诉我，要想真正放下自己执拗的认知及观念，直面并尝试"进入"身处的社会环境，或许是一条有效的路径。

二是从孩子教育的角度看，我们到底身处在什么样的社会环境，到底应该如何与当下，乃至未来的环境有效互动并做出积极应对，而非被动改变，乃至消极抵抗？

一言以蔽之，这是一个移动互联网时代！

大家知道，自信息产业革命发端至今，在短短不到三十年的时间里，社会环境已经发生了天翻地覆的变化。其中，最显著的变化在于来自互联网的数据和信息，已经成为人们继水、电、气之后的第四大生活中不可或缺的基础要素——即便相当多的家长并不愿意承认这一点，但是在孩子的认知中，恰恰类似于大部分80后的家长一出生就身处在有电的生活环境里——更夸张的说法是，移动互联网对于现在的孩子来说犹如空气，几乎无孔不入、无处不在。

可是，面对如此坚硬，根本无法改变的事实，我们仍然有很多家长的认知还停留在前互联网时代，对当下的移动互联网视而不见，甚至抱持怀疑乃至敌意的态度。最常见的做法是，利用家长的权威将孩子与移动互联网进行蛮横的切割——本书就不再列举在社交媒体上一再出现的，对移动互联网声泪俱下控诉的例子了。打个不恰当的比方，假如家长愿意承认移动互联网犹如家中正常生活所需的水、电、气，必定能够减少，甚至避免与孩子"相爱相杀""缠斗不止"的局面——设想有一天孩子主动要求学习洗衣服、拖地、做饭等家务活，估计没有任何家长会因为完成这些家务活需要用水、电、气这些同样存在潜在危险的东西，而断然拒绝孩子学习做家务的要求，或者断绝孩子这样的愿望。

所以，无论现在的移动互联网出现过多少不适合孩子的资讯，但回归到本质，其实，就和我们平时正常生活需要使用的许多工具一样。回到前面打比方的场景，我估计绝大部分家长听到孩子主动要求学习做家务一定是满心欢喜，并能够耐心地指导孩子如何使用水、电、气，以便最终将家务活做好！

为此，笔者认为，直面身处的社会环境，是家长在与孩子互动过程中放下执拗的重要入口。若能切实践行以下几点，就一定能够帮助、引导孩子，并与孩子一起与当下的社会环境进行有效的、积极的互动：

（1）主动承认环境变化的事实，并通过"进入"的方式来调整、改善自己的认知。

还是就移动互联网这一维度来说，在某种程度上，其本质就是一个工具。比如菜刀这一工具，到底是用来切菜还是用来杀人，起决定性作用的一定不是菜刀本身，而是使用菜刀的人。同样的道理，到底是利用移动互联网来改善我们的工作和生活，还是用移动互联网来消耗我们的精力，甚至消磨我们的生命，完全取决于作为主体的人。当家长能够通过移动互联网来提高自己的工作、学习效率的时候，就必然能够发现、发掘其更多的正向价值，对孩子自然会产生正向的示范效应。

（2）面对社会环境中泥沙俱下的状态，建立与孩子同等标准的价值取舍的堤坝。

作为家长，在面对社会环境中那些负面、消极现象的时候，要有自己的判断和立场。同时，向孩子做出明确、坚定的表态，并且切实落实在日常的具体行动（为）中。

基本上有条件的家长都会抽空带孩子外出游玩或者旅行。但是，笔者就不止一次地听到有的家长竟然会要求孩子配合其逃票（指孩子的半价票）。退一万步说，即便一个公共性的规则有不合理的地方，只要没有新规则替代之前，我们仍然有遵守的义务。

相信没有任何家长希望自己的孩子养成投机取巧的习惯。可是，有些家长在向孩子灌输那些所谓的"正能量"时，却用自己的实际行动向孩子示范着"负能量"。

（3）学会接纳多元的生活方式，并保证不人为，甚至蛮横地阻断孩子接触、了解多元生活方式的正常通道。

除了有些家长会执拗地排斥某些与自己认知截然不同的生活方式外，更有甚者，会采取一些蛮横的方式，去阻断孩子了解那些不同生活方式的正常渠道，试图给孩子一个"温暖而美丽"的成长空间。除了有可能引起孩子过度的好奇心外，更糟糕的是，即便家长

"严防死守"营造的空间,充其量也只是孩子成长过程中可能涉及的空间中非常小的一部分——更多家长"鞭长莫及"的空间就有可能成为孩子恣意妄为的"乐土"。

(4)及时关注孩子了解、探索更广阔世界的需求,并提供力所能及的帮助和引导。

现在的孩子会更多地借助互联网的渠道,去满足自己探索这个世界的欲望。就其本质而言,和任何年代成长的孩子一样,都有可能会通过自己长辈未曾尝试过的渠道和方式去了解、探索这个世界。真正让很多家长抓狂的是,面对互联网这个渠道,自己过往所拥有的知识和经验,已经不足以"以权威的姿态"与孩子形成有效的互动和对话。于是,在无奈和失落交错的复杂情绪之下,就有可能选择"断网"这一一劳永逸的措施。问题在于,这种做法对于孩子的成长来说,真的合适、有效吗?

至少笔者的实践尝试表明,及时关注孩子了解、探索这个世界的欲望和需求,并提供力所能及的帮助和引导,是一种不错的选择。当孩子明确表示渴望拥有自己的网络社交工具时,我就主动帮助他们注册了相关的账号,并由他们自己设定登录密码。重要的是,在这个过程中,要与孩子进行深入的交流和沟通,并引导他们正确使用这些工具,去完成某些有价值的事情,或者达成自己设定的某些目标。笔者2008年出生的儿子,在幼儿园中班的时候,就已经拥有了他独立使用的电子产品,直到现在上小学五年级为止,我很欣喜地看到,他已经学会了利用互联网去查找、学习那些他感兴趣,又有益于身心健康的知识和资讯。

或者可以总结为:

> 这个世界本正常,家长执拗才荒唐;
> 排斥拒绝虽省事,可怜孩子更彷徨;

尝试接纳再进入，如是观之执拗放；

正向引导建堤坝，互动成长喜洋洋。

二、掌握孩子成长的规律

很有意思的一个现象是，假定一个人要从事某一职业，并对自己的职业表现有所期待，在绝大多数情况下，都会提前做好一些职业准备（包括相关的基础技能、素养及心理情绪等），也可能得到一些系统的职前训练。

可是，唯有家长（主要指的是父母）这一职业——如果我们愿意尝试将为人父母当成一份职业来看待的话——似乎并未得到从业者对职前训练的足够重视——即便有少数家长重视，也大多停留在对前辈经验的参考和模仿上，缺乏应有的理论指导。于是，很多家长在真正面对孩子，需要履行其家长的责任和义务的时候，就不知不觉地陷入了"执拗"的状态。《弟子规》有句话说得好，"但力行，不学文，任己见，昧理真"。

所以，主动学习并掌握一些孩子成长过程中的普遍规律，不但是帮助家长放下执拗的一条有效路径，更是提高亲子互动效率、效益乃至效能的基本常识。

就笔者有限的阅读范围来看，爱利克·埃里克森（Erik H Erikson，1902—1994，美国神经病学家，著名的发展心理学家和精神分析学家）创建的人格的社会心理发展理论，就很值得家长好好学习、领悟，并用来指导自己的亲子实践。

爱利克·埃里克森的研究指出，一个人从生到死，共经历八个心智成长的阶段，也称为心理发展的八个阶段，包括：

第一阶段：获得基本信任感而克服基本不信任感。也就是从出生到十八个月左右的婴儿期。

第二阶段：获得自主感而避免怀疑感与羞耻感。指的是从十八个月到三四岁的童年期。

第三阶段：获得主动感而克服内疚感。即四岁到五岁的学前期。

第四阶段：获得勤奋感而避免自卑感。指的是从六岁到十一二岁的学龄初期。

第五阶段：获得同一感而克服同一性混乱。指的是从十一二岁到十七八岁的青春期。

第六阶段：获得亲密感而避免孤独感。即从十七八岁至三十岁的成年早期。

第七阶段：获得创造力感，避免"自我专注"。这是中年期与壮年期，是成家立业的阶段。

第八阶段：获得完美感而避免失望感。这是老年期，亦即成熟期。

爱利克·埃里克森认为，每一阶段都有着特殊的社会心理任务，并且每一阶段都有一个特殊矛盾，矛盾的顺利解决是人格健康发展的前提。

从爱利克·埃里克森的研究可以看出，前五个阶段正是家长需要对孩子承担并履行相关职责和义务的阶段。

如果家长愿意细细领悟就会发现，自第一阶段的婴儿期，就已经有"获得信任"的需求了。可是，又有多少家长会从心底深处认同或者相信这一点呢？甚至在孩子逐渐长大的过程中，很多家长仍然还会习惯性地将"他（她）还是个孩子……"这样的表述挂在嘴边——如果孩子从小就未能从父母那里获得足够的信任，从而建立对父母的充分的信任感，那么在后期逐渐长大的过程中，孩子就有可能无法接受（纳）来自父母的，哪怕是充满善意的建议和意见。于是，父母与孩子之间就开始上演各种"相爱相杀、猫捉老鼠"的游戏……

"夫风生于地，起于青蘋之末。"（出自战国·宋玉《风赋》）也许对阅读至此的你——我亲爱的读者不见得有多么大的参考价值，但是，笔者还是愿意与你分享一段与女儿互动的往事。

女儿出生（1996年8月）后的第七天，我就因为生活压力"狠心"离开家中，回到了当时在广州的工作单位，而我的妻子在女儿刚刚断奶不久（大概十个月）也无奈地离家前往广州，继续打工以维持家庭生计——女儿就和很多同龄人一样成了"留守儿童"，与爷爷、奶奶生活在一起。

在当时那种完全没有选择余地、无奈的状态下，如何弥补无法陪伴在孩子身边的遗憾，如何尽最大可能减少或者消除对孩子可能的"伤害"，就成了我们的锥心之痛……于是，在女儿一岁左右，开始学说话的时候，我们做了两件到现在为止还延绵着其价值的事情：

一是以日记的形式记录我们每天对她的思念，直到后来生活境况有所改善，女儿上小学开始与我们一起生活（这些日记一直保存到女儿18岁生日，作为礼物才向她公开）为止。如图2-1所示。

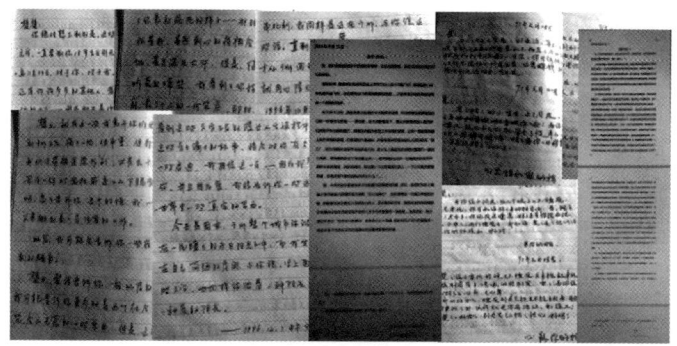

曾经写给女儿的信和日记（片段）

图2-1　信和日记片段

二是几乎每周都写信给她。这件事情也差不多持续到我们后来在一起生活为止。如图2-2所示。

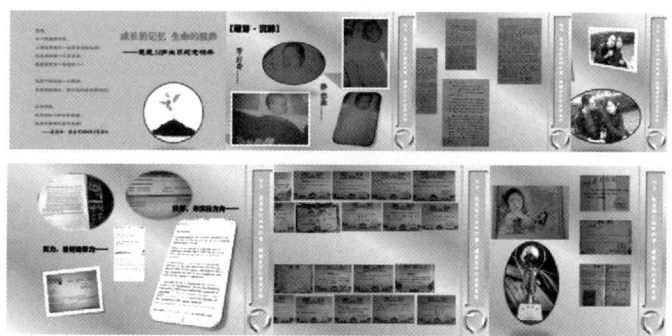

送给女儿十八岁生日的相册（剪影）

图2-2　相册

直到现在，我都还清楚地记得，女儿的奶奶第一次收到我写给女儿的信时的诧异反应，她说："孩子现在这么小，怎么能听懂？……难道不放心我们对她的照看？……"即便承受着老人家的不理解，甚至是对我们某些可能的误会，我也坚持要求他们帮助我们："孩子可能不懂，但是请你们帮忙将信的内容原原本本念给她听……"

现在回想起当初所做的这些事情,其实都源自内心有一个坚定的信念:孩子可能真的不懂书信中文字所表达的意思,但是一定能够感受到父母对她深深的爱。及至后来接触到包括爱利克·埃里克森在内的很多专家的相关理论,甚至当我第一次读到"一切众生皆具如来智慧"这句话的时候,那种含着泪光而又暖暖的喜悦的心情,至今还记忆犹新。

在结束本节内容之前,我想再次强调,无论不同专业、不同门派的各类专家,对孩子教育这一问题有着多么精深的研究,请记住一个基本的常识:承认并接受孩子是一个有着独立人格的个体,也许他们还无法用理性认知来理解什么是信任、什么是尊重、什么是爱……但是,他们一定能够感受!

因为:

> 都说孩子是天使,无奈天使常折翅;
> 无上智慧本具足,可叹家长有愚痴;
> 若愿除却执拗心,建立常识必有自;
> 理论点拨加领悟,孜孜践行两相宜。

三、勇于承认曾经的不堪

有句话说得好:"人要学会与自己和解。"

笔者的理解是,任何一个人在漫长的人生过程中,都肯定有过不止一次(段)极为不堪的遭遇或者经历,而且这些遭遇或者经历常常会成为自己陷入执拗泥沼的发端——毕竟要承认并接受自己的愚蠢或者无知，对于绝大多数人来说是一件极为困难的事情。所以，选择"死鸭子嘴硬"的方式，既能"忘却"某些曾经的不堪，也能最大限度地"保护"自己。笔者尊重每一个人在处理一般社会关系时做出的上述选择。但是，在处理和应对孩子成长教育这一特殊人际关系时，往往会成为莫名其妙的、无形的障碍。

第一，刻意掩盖自己曾经的不堪，有可能会成为自己不可触碰的痛。

如果孩子在与家长沟通交流的过程中，无意间（因为孩子并不知道你曾经的不堪）涉及这类或者相关的事情，家长常常会有两种不同的反应：

一是王顾左右而言他，选择逃避或者沉默的办法应对。

二是强烈反弹，满嘴谎言，甚至暴跳如雷。

对于孩子来说，无论家长做出哪一种反应，继续沟通交流下去的基础，也就是彼此的基本信任已经不复存在。尤其对于尚未成年的孩子而言，家长的这种反应，只会被解读成不被信任的表现。

第二，不敢（或者不愿意）向孩子承认自己曾经的不堪，很有可能会扼杀孩子去做更多不同尝试的勇气。

对于绝大多数遭遇或者经历过某些不堪的家长来说，往往会将这些经历简单归类为"不可言说或者不可承受其重的失败的教训"。出于本能的呵护和爱，家长常常不愿意让孩子"走过多的弯路"，于是，每当孩子试图尝试"家长曾经有过教训"的事情的时候，总是设置重重障碍，或者对孩子进行苦口婆心的规劝，还美其名曰"这都是为了你好"——当孩子还没有足够力量抗争的时候，只能选择放弃。长此以往，孩子或许能够成为家长眼中"乖巧的样子"，可是那样孩子也就成了"被铁链困住的那头小象"了。

第三，家长不敢（或者不愿意）在孩子面前承认自己曾经的不堪，有可能无法培养孩子直面失败或者挫折的勇气，更难以培养孩子接受人生种种不完美的胸襟和气度。

讲个小故事：

儿子刚上小学一年级的时候，学校就有做手抄报的家庭作业。因为实在太小，加上本身对画画也没有太大兴趣，更没有所谓的"天赋"。所以，儿子一开始总是闹着家长为他代劳，以便能够得到老师的表扬。当我们建议并鼓励他尽自己努力完成，不要太在乎与同学比较时，他甚至还委屈得差点哭起来……为此笔者专门与孩子进行了一段对话：

"儿子，你的其他作业都能自己独立完成，为什么手抄报的作业想要爸爸、妈妈帮忙，甚至要我们直接帮你做好呢？"

"因为我不会做呀！"

"那你可以上网照着别人做的样子模仿下来呀……"

"我都说了我不会画呀……"（委屈得差点哭了）

"如果实在不会画，不做可以吗？"

"肯定不可以，老师会批评……"

"所以，你就想要我们帮忙，对吗？那你觉得爸爸、妈妈就一定会画吗？"

"你们大人怎么不会画？"

"如果我告诉你，老爸从小到大就不会画画，你相信吗？"

"嗯？……"（一脸惊讶加迷糊）

"是的，爸爸、妈妈都不会画画，尤其是老爸，美术课都是勉强及格，甚至结业考试都是找同学代画的，才蒙混过关……想不到老爸在画画这件事情上这么差劲吧？"

"嗯，真的没想到……老爸你不是很厉害吗？以前听你说，上学的时候门门功课都名列前茅，你也骗人？……"

"爸爸不是故意骗你的，因为在我们上学的时候，美术课都是副科，老师也不怎么管，其他主科的成绩的确很优秀呀……"

"哦……"

"所以，手抄报的作业，我们实在帮不上忙，只能你自己完成了。"

"可是，我自己做得很丑，老师会批评的呀！"

"嗯，老爸明白，老爸还知道老师可能还会批评家长，说家长不管孩子学习，是吗？"

"那怎么办呢？"

"首先，如果我们会画画，帮助你或者直接做好了交给老师，并且得到了老师的表扬，你觉得这种表扬是应该的吗？如果一个人并没有真正去做某件事情，值得表扬吗？"

"可是，其他同学的家长帮忙做得很好，老师也会表扬的呀？"

"嗯……可能吧，问题是，只为了一个表扬，自己实际却没有做好，甚至干脆就没有做，你觉得这样的表扬有意思吗？"

"嗯……没什么意思……"

"所以，为了一个没什么意思的表扬，让我们帮你做也没什么意思，对吗？"

"嗯……"

"所以，如果老师要求一定要完成这项作业，你就尽自己努力，能做到什么样子就做到什么样子，老师表不表扬就不重要了，对吗？"

"嗯……那我就自己做了！"

"对呀，自己尝试做一下，如果实在没有其他同学做得好，也没有关系呀……儿子，你要知道，每个人都不是万能的，有些事情自己不会做或者不擅长，没有关系，只要把自己擅长的、感兴趣的事情尽最大努力做好，说不定长大以后就成了自己的优势了……就像老爸，并没有因为不会画画就影响现在从事的工作，对吗？"

"嗯……"

值得高兴的是，从此以后，儿子都能自己去网络上找资料参考，并独立完成手抄报。更重要的是，孩子不但没有因为这件事情影响他对我们一直以来的尊重和信赖，甚至还慢慢学会了接受自己的弱点和短板。

所以，勇于向孩子承认自己曾经的不堪，至少是帮助家长放下执拗的有效路径之一，并且还能产生以下的积极作用：

（1）帮助并引导孩子正确看待自己的弱点和短板，培养孩子全面认识自己的意识。

（2）引导孩子从接受家长的不完美开始，学会慢慢接受自己乃至生活的不完美，从而培养孩子直面未来更多困难和挫折的勇气。

（3）能够与孩子建立彼此信任、更为亲密的互动关系。

（4）培养孩子正确对待他人的表扬和批评。

正所谓：

遭遇不堪本正常，逃避隐藏非良方；
若想除却那执拗，勇于承认心坦荡。
人生缺憾常常有，帮助孩子一起扛；
如是这般本真实，阳光心态便可彰。

四、用心觉察孩子的状态

我们知道，由于某些意识和思维认知的缺失或者盲点的原因，必然会引发与之相对应的行为表现。在孩子的成长教育过程中，家长的执拗表现也一样。

前面分别从直面身处的社会环境、掌握孩子成长的规律及勇于承认曾经的不堪三个维度，侧重在意识、认知层面进行了一些剖析，并提供了一些可以尝试的调整建议。在接下来的三个小节中，笔者想从行为实践的角度，谈谈家长放下执拗的一些思路和方法。

无论是身边具体而琐碎的小事，还是被媒体曝光过的典型事件，家长与孩子之间产生的矛盾，甚至是一些激烈的冲突，大多数都是由于家长过分相信自己的"经验和直觉"判断，继而在这种判断的基础上，对孩子的行为表现进行干预、说教，甚至批评、指责，从而引发了孩子的不满，甚至强烈反弹。

所以，笔者从个体实践的体认角度建议，家长应该学会并逐步养成用心觉察孩子状态的习惯。当发现孩子的确在某些方面出现偏差甚至错误的时候，坚持在"基于事实而不是评判"的原则下，对孩子进行善意的提醒，并提出具体的改善建议，从而更加有效地帮助孩子，让其变得更好。

那么，用心觉察孩子的状态，到底有哪些具体的方法和措施呢？

（1）学会询问，创造并有效扩展与孩子进行对话的条件和空间。

通过大量的观察，笔者发现了一个有趣的现象：很多家长的确会经常向孩子提问，但糟糕的是，绝大多数的问题都好似"肉包子打狗"有去无回——要么得不到孩子的正向回应，要么孩子的回应闪烁其词，甚至答非所问，根本获取不到有价值（即可以帮助你对孩子状态进行有效判断）的信息。

所以，所谓学会询问，包含以下两个层面：

第一个层面是，问题的有效性。

也就是说，你需要学会提孩子愿意正面回应的问题。有效的提问必须同时具备两个维度的基本条件：

一是提问题时的情绪。

比如"今天在学校表现怎么样呀？""今天上课认真听讲了吗？""今天老师表扬你了没有？""今天没有跟同学闹矛盾吧？"……其实这些问题都是无效提问，因为这些提问的背后都隐隐约约藏着家长对孩子的担心，甚至是怀疑。即便孩子有话想说，但是因为这种情绪背后往往有可能接踵而至的是家长的说教，甚至是批评、责备，孩子选择被动防御——沉默的方式应对，也就再正常不过了。

反之，如果家长能够带着平等分享、轻松愉快的情绪向孩子提问，绝大多数情况下，孩子都会愿意并且更加主动地与家长做更多的分享。比如"今天在学校有没有开心、有趣的事情跟爸爸、妈妈分享一下？""今天老师的表现怎么样啊？""今天爸爸、妈妈有件很高兴的事情想跟你分享，想听吗？"……

二是提问的内容和方向。

一般而言，如果家长总是提一些有关功课学习、老师如何评价班上同学之类的问题，往往很难得到孩子更多的回应。网络上大量夸赞犹太人教育非常出色的文章，都会提到一条共同的经验，那就是犹太人（尤其是母亲）对放学回家的孩子，不问考试也不问成绩，只问"今天是不是问过一个好问题"。这至少说明，有效的问题是帮助孩子变得更优秀的重要方式之一。

第二个层面是，问题的价值性。

也就是你的问题能否引导出孩子更多想说的话来，因为只有孩子愿意说得更多，里面包含的可供你对孩子状态进行更准确判断的有效信息就更多。其中一个有效的做法是，当孩子对你的问题做出了回应之后，可以借用孩子回答问题过程中的一些关键词进行二次、三次的持续询问。比如：

"今天老师的表现怎么样啊？"

"还好或者不怎么样……"

"那具体什么事情会让你觉得老师表现好或者不怎么样呢？"

……

"那你觉得老师要怎么处理会更好一些呢？"

……

"为什么你会认为那样处理会更好呢？除了刚才你说的这种处理方式之外，是否还有其他不错的处理方式呢？"

……

相信通过这样能够持续的交流和对话，你肯定能够更准确地把握孩子的状态，包括孩子的功课学习和其他情绪方面的状态。

（2）建立仪式，创建与孩子亲密、有效的互动模式。

先分享一个小故事：

曾经有一位学员非常委屈地向我提到一件事情，自从他们第二个孩子出生之后，已经上小学四年级的老大，就表现出一些特别反常的举动，包括莫名其妙地发脾气、抱怨他们不再爱他……他颇为委屈地告诉我说:"其实,我们还是和从前一样爱他的呀……"我当时只问了这位学员一个问题:"当老大放学回家进家门的时候,你是怎么做的?"他告诉我因为老二还不到一周岁,需要时刻抱着,所以,等老大进家门的时候,他们也会对着他说:"××,回来了……"当我继续问他是否有起身或者放下手头的事情,走到门口迎他,并且拥抱或者亲吻的时候,这位学员似乎明白了一些什么,点了点头。

笔者不太清楚,到底是因为文化的影响还是其他原因,似乎很多家长都不太重视与孩子互动过程中的仪式问题,包括早晚的问候、拥抱或者亲吻等。

单就笔者的体验而言,毫无疑问,与孩子约定并建立仪式,是创建与孩子亲密、有效的互动模式非常有价值的做法。

我们的具体做法包括:

孩子上学前、放学回家及晚上睡觉前这三个时间点,我们都坚持与孩子拥抱和亲吻(孩子上小学五年级开始,亲吻改成了贴脸或者亲吻额头)。

另外,在其他一些重要的时间节点,包括节日、生日、孩子情绪低落或者获得某些奖励的时候,我们也是通过拥抱、亲吻等动作来表达祝贺、关切或者抚慰。

这样一些基本固定的互动仪式,除了能够增进与孩子的亲密关系外,还能够让你去感受、发现孩子的状态。

(3)适度示弱,激发孩子的正向能量。

很多家长可能都认为,需要在孩子面前表现出坚强、承担一切的姿态,以便维护自己在孩子心目中的地位。从某个角度看,这样的想法乃至做法也没有错误。但问题的另一面是,除非家长本身就具备这种无比强大的能力（量），否则，"硬撑"的状态很容易在某一特殊的外力作用下突然坍塌。既然如此，还不如在孩子面前真实一些——真实的意思是，让孩子清楚地知道并且了解到，家长虽然承担着整个家庭的责任，但是，也同样有很多无能为力的事情，也有软弱和脆弱的时候。

比如身体出现一些病痛的状况，工作或者事业遭遇到挫折和失败，情绪低落、沮丧等。

笔者的建议是，一旦出现这些情形，与其在孩子面前遮遮掩掩，还不如把事实告诉孩子，并且坦承你可能需要包括孩子在内的其他家庭成员的理解、支持和帮助。这样做的好处是，孩子会有强烈的被信任的感受，也能进一步强化孩子作为家庭成员，拥有平等的权利、责任和义务的意识，从而让孩子能够呈现出自己最真实的状态，以便家长依据孩子的状态进行有效的引导，并对孩子的成长予以及时、必要的指导和帮助。

（4）支持并尽可能主动参与孩子感兴趣的活动。

毫无疑问，支持并尽可能主动参与孩子感兴趣的各类活动，一定是觉察、了解孩子状态（包括学习、情绪、同学关系及兴趣爱好等）的最佳途径之一。

问题在于，在很多家长的眼中，孩子除了功课学习之外，其他任何的活动，尤其是涉及网络、游戏或者其他看起来与提高学习成绩无关的活动，都是毫无价值或者益处的，甚至强行干涉、断然制止——事情的本质在于，所谓的学习成绩恰恰是很多因素综合作用的一个最终结果——如果家长仅仅针对学习成绩本身对孩子进行一些看起来"很正确"的建议和要求，反而忽视通过其他方面的表现去了解孩子的真实状态，事情往往适得其反。

就拿陪孩子做作业这件令很多家长抓狂的事情来说吧。

笔者的两个孩子，都是在小学一年级下学期开始就被明确告知，他们做作业的时候，我们不会在身边陪伴，如果有问题需要提供帮助，也要向我们发出明确的、请求帮助的信号……值得欣慰和高兴的是，孩子的学习成绩一直都能稳定地保持在非常优秀的水平上。

之所以能够这样做的根本在于，我们非常注重并且主动参与到孩子除了功课作业之外的其他事情上，包括上网、游戏、看动漫、看课外书籍及其他户外活动等，当孩子在做这些事情的时候，你会发现他（她）有各种各样不同的状态表现出来，比如高兴兴奋的、沮丧难过的、若有所思的、专注坚持的、畏难而退的……我们只要做好观察并进行适当的询问，总是能够发现或者找到孩子在学习兴趣、学习方法及学习习惯等方面可以进行改善、优化的切入点，引导出孩子的主动、自觉意识。一旦孩子开始建立这样的意识，学习兴趣也会得到激发，从而形成一个正向的良性循环，帮助孩子更好地完成各门功课的学习任务。

要做好这一点，可以尝试如下建议：

第一，与孩子提前约底线原则，共同商议活动的方向和范畴。

笔者的做法是，只要不违反乡规民约和法律法规的任何活动，只要孩子愿意或者感兴趣，都可以大胆尝试，包括网络游戏和其他表面上可能存在一定风险的活动（笔者女儿在国外上大学期间，就尝试过高空跳伞、高山滑雪、潜水、冲浪、蹦极、自驾露营及钢管舞等活动），让孩子拥有足够的自主选择的空间。通过参与这样一些活动，孩子能够有深刻的体会——将要完成大学学业的女儿告诉我，参加过很多不同类型的活动，绝大多数活动仅仅只是人生旅途中起点缀作用的风景而已,真正有价值的是自己是否拥有走得更远、飞得更高的能力和基础素养——这样切身的感悟,难道是家长能够通过说教的方式让其信服的吗?

第二,与孩子共同商议并约定活动的截止时间,培养孩子的自律意识。

笔者目前还在上小学的儿子,无论是看电视节目还是上网打游戏,我们从来都不是简单禁止,而是与他约定截止的时间,在有空闲时间的情况下,我们也会尝试陪他一起。很多的娱乐节目都是通过儿子的引荐,我才发现这些节目的价值,也因此让我有机会从更丰富的角度去了解这些新生代孩子的所思、所想。

第三,向孩子提出分享活动感受的适当要求,并学会向孩子请教问题。

有一段时间,儿子几乎是所有空闲时间都在看《火影忍者》的动漫,我就会经常问他这样一些问题,比如你为什么会喜欢这部动漫?动漫中你最喜欢的人物是谁?为什么会喜欢?主人公都做过哪些你印象深刻的事情?你觉得他们的表现如何?……每当孩子回答这些问题的时候,我都会抓住一些关键点,进行更为深度的询问,而孩子在回答的过程中,也就逐步建立起一些正向的、积极的意识和认知。

总而言之,通过上述的一些做法,不但可以及时了解并掌握孩子更真实的状态,从而对其进行更有效的引导,而且还能够不断加深孩子与家长之间相互理解、相互学习的互动关系,让孩子更愿意向家长敞开心扉,建立彼此的信任。

所以说:

放下执拗也简单，孩子状态用心看；
活动原则方向定，支持参与彼此赞；
鼓励孩子多尝试，自有感受无需管；
放下身段多请教，相互信任乐开怀。

五、悦纳孩子的"粗心"

虽然很多家长在道理上都会愿意承认并接受"十年树木，百年树人"的观念，也知道培养孩子，尤其是帮助孩子养成一些良好的学习和生活习惯是一个漫长的过程，但是，在某一件具体的事情上，又往往会把这样的观念和道理抛到九霄云外。

举两个在学习和生活上非常典型的例子。

先说说孩子作业或者考试粗心的事情。平心静气地讲，粗心并非孩子所独有——试问，多少家长能够拍着胸脯说，自己长大成人之后就再也没有过粗心的时候？可是，当家长面对孩子粗心的问题时，往往很难克制地"火冒三丈"。这背后真正的原因究竟是什么呢？

结合作者的切身感受及与其他家长交流的反馈，很多家长之所以对孩子粗心这件事情常常表现出"零容忍"的状态，真正的原因不是孩子粗心本身，而是对孩子粗心背后可能蕴含的意义，进行了过分的解读和想象，包括：

（1）由粗心可能产生的后果引发的过分焦虑。

笔者承认，粗心会丢掉一些本不该丢的分数，并直接影响到最终的考试成绩。的确，在目前的中考、高考，甚至是幼升小、小升初的考试规则之下，有时候仅仅是一两分之差，就有可能与所谓的好学校失之交臂。这种在普遍意义上的规律性总结虽然具有相当的参考价值，可是却无法作用到每一个具体的个体。否则，你就无法解释很多犯罪分子也有接受过名校教育的经历背景，反过来，很多出自于普通学校的人，通过自身的努力，也能够在今后的人生道路上取得令人瞩目的成绩（就）。换句话说，名校只是帮助孩子变得更优秀的众多的外在因素之一，如果没有内在因素（包括诚实、正直、责任担当、自律、坚毅、勇气等内在品质）作为种子，同样无法开花结果。而粗心充其量只是影响"种子开花结果"的、几乎没有太大权重的因素之一。所以，与其焦虑于孩子的粗心，还不如把精力放在那些更重要的、根本性的品质的培养上来。

（2）粗心意味着孩子没有按照家长设定的模型"生长"。

笔者认为，这是很多家长对孩子粗心"零容忍"更为核心的原因。不可否认的一个事实是，即便很多家长表面上接受着很多新潮的、国际化的，甚至可以称为后现代的观念，但回到孩子教育这件事情上，仍然非常顽冥地坚持着"家长的绝对权威"的观念。其中，很多家长打着"为了你好"的旗号，总是为孩子设定很多"他认为很美妙"的成长模型，一旦孩子的某些行为（包括粗心）超出了这个模型的边界，就有被严重冒犯的感受，于是，就暴跳如雷、歇斯底里了。

（3）把粗心与品性、品质混为一谈。

笔者并不否认，有些时候的粗心的确与责任心强弱有一定的关系，但是，大多数的粗心都应该属于无心之过。既然是无心之过，又何必苦苦纠缠呢？

假定家长愿意接受上述解剖，相信你将能够和我一样，不会再纠缠在孩子粗心这个问题上而焦虑不堪，甚至无法自拔——我当然主张家长要提醒孩子认识到自己的粗心，但与此同时，也要学会接受孩子在粗心这件事情上的反复——耐心等待，无疑是教育孩子、培养孩子非常重要并且有效的方式之一。

再说说孩子对生活用品、游戏玩具乱丢乱放的事情。这也是孩子最容易反复的行为之一。很多家长的做法是一边开骂，一边又自己默默地收拾——笔者不再就背后的原因进行分析了，分享一下具体的做法，供读者参考：

一是首先保证自己的东西能够归放整齐，并向孩子呈现这样做的好处。

笔者家中有两个很大的书柜，分别占据着我和孩子书房的两面墙。其中，孩子的书只用到书柜空间的小部分，其他绝大部分都是我需要翻阅的书籍。我会不时地让孩子或者孩子的母亲，听我电话遥控帮我找某一本具体的书，基本上我都能够告诉他们具体在书柜的哪个隔层……

当孩子找不到自己的书的时候，我就会询问他，为什么老爸就能够很快并且准确地找到自己想要翻阅的书（有时候远程电话遥控）。当孩子做出回答的时候，实际上就是对孩子施加了一次无声无形的正向影响。当然，在适当的时候，也会帮助孩子学习对不同类型的书籍进行归类……如图2-3所示。

笔者家里分类合理、摆放整齐的书柜

图2-3　书柜

二是等待合适的时机,向孩子提出善意的建议。

一般而言,当孩子找不到自己所要的东西时,是一个比较有意思的时机。但是,这个时候需要克制自己,不要对孩子进行概念化的批评或者指责,比如:

——"谁叫你总是这样乱放?"

——"这下找不到了吧?"

——"连自己的东西都整理不好……"

——"这种小事都做不好,还能做成什么大事呀……"

诸如此类的言辞,其实没有任何效果,甚至还会引发孩子的逆反心理。比较恰当的做法是,依照事实进行善意的询问,比如:

——"找不到东西是不是会很着急?"

——"你是否知道最主要的原因是什么?"

——"如果想以后能够很快就找到自己所要的东西,你觉得要怎么做会好一些?"

——"需要我们帮你做些什么事情?"

尽量让孩子在对话交流过程中,认识到自己哪些地方做得不够好,并且尝试找到一些改善的方法。

三是阶段性地带着孩子一起整理书籍、物品,逐步养成自己自主整理的习惯。

需要重点强调的是,无论是学习上的粗心,还是生活上某些行为的反复,即便是家长都难以做到尽善尽美,何况孩子很多的习惯还在养成中呢?所以,作者提出"悦纳"的建议,也就是说,要学会愉快地接受这样一个事实。然后,在基于事实的基础上,寻找合适的机会,帮助并引导孩子逐步改善。

要言之:

习惯养成非一日,耐心引导待时机;

无论粗心与其他，过度联想实非宜；
调整观念与认识，悦纳事实呈善意；
切忌指责与着急，共同成长在一起。

六、开放秘密花园

很多家长常常会以"孩子还小不懂事""小孩不要管大人的事""担心影响孩子学习"等借口，有意无意间划定一些不让孩子知道或者参与的事情和话题范围，甚至将有些话题列入不可触碰的禁区，这些情形本质上都是家长执拗观念和认知的具体表现——笔者尊重每一个个体都有保护自己隐私或者秘密的权利和自由。

但是，在一个家庭中，本该让每一个家庭成员都知晓的信息，或者已经引发了孩子好奇或者不安的事情，笔者还是坚持认为，应该秉持坦诚、积极和信任的态度，向孩子开放那些所谓的"秘密花园"。

下面就两类几乎在所有家庭中都会发生的事情，谈谈笔者的看法和做法：

一类是关于性的话题。

虽然现在不再像以前那样"谈性色变"了，但是，据笔者的观察和了解，仍然有很多家长在面对孩子涉及性的问题时，还是以模棱两可，甚至胡编乱造的回应方式搪塞、糊弄孩子。这样的做法有可能引发以下不良后果，包括：

第一，有可能引发孩子对家长的不信任。

因为家长的闪烁其词，有可能会被孩子理解成对其的不信任——要知道，任何个体与个体之间的信任都是双向互动的。

第二，有可能引发孩子更加强烈的好奇心，从而寻找其他一些不正当的渠道或者方法去获得满足。

要知道现在的移动互联网时代，孩子有着更加广泛、丰富而且不被家长所控制的获取各种信息的渠道，如果孩子的好奇心无法在家长那里得到满足，就一定会想方设法寻找其他的途径。

第三，如果孩子没有得到关于性的正确、科学的认识，孩子在成长过程中，尤其在青春期阶段，很容易陷入惶恐不安的负面情绪中，严重的还有可能遭受到不必要的伤害。

正是基于这样的认知，笔者从来就没有回避过孩子关于性的问题，包括"我从哪里来的？""为什么男孩子站着尿尿，女孩子就要蹲着？""为什么爸爸、妈妈就要睡在一起？"……除了正面肯定孩子能够问这样的问题之外，我都会非常正式地，并且以孩子能够听得懂的表述，向孩子做出正面回答。

记得女儿上小学三年级期间，在阅读《淘气包马小跳》系列书的时候，第一次看到阳痿这个词，就问我什么是阳痿。当我非常坦然地跟她解释完之后，她还继续追问："爸爸，你阳痿吗？"除了非常肯定地告诉她不会之外，还顺便向她解释了如果爸爸阳痿，她就有可能不会来到这个世界上的原因……所以，当女儿青春期来临，出现痛经的症状时，她也能够非常坦然地告诉我，包括后来有人追求她，或者她有点喜欢哪个男生，都能够非常坦诚地与我们交流……建立了这样的亲子关系，难道不是一件很幸福的事情吗？

另外一类就是夫妻间有分歧，甚至吵架的事情。

本来这是一种很正常的现象，但是，很多家长却在孩子面前刻意掩饰——笔者当然反对当着孩子的面大吵大闹，除非夫妻双方都有极为高超的演技，否则，吵架之后的那种低落、负面、糟糕的情绪，无论怎么掩饰，孩子还是能够觉察出来，只是很多时候，孩子因为不敢惹家长生气，假装不知道而已。于是，家长出于"善意"的隐瞒，就有可能让整个家庭都陷入一种小心翼翼、沉闷压抑的氛围之中，与其这样，不如坦诚告诉孩子真相，也许会产生更为积极的正向效果，至少包括以下两个方面：

第一，如果不是因为孩子教育问题而吵架，让孩子知道父母吵架不是因为他的原因，能够有效释放、减轻孩子的心理压力，也能够让孩子了解更多的经济状况或者人际关系状况，让孩子从小建立"我是家庭重要成员之一"的存在感。

第二，如果夫妻吵架是因为在孩子教育的理念、方法上产生了分歧，正好可以让孩子参与进来，看看孩子更愿意接受什么样的理念和方法，以便进行及时的调整和改善，从而与孩子建立更好的沟通、交流模式。

所以，坦诚、主动地向孩子开放家长的所谓秘密花园，肯定利大于弊，也是家长放下执拗的重要表现之一。当然，方式、方法及时机的把握也很重要，这需要家长深入了解孩子的个性特征，并抱持对孩子充分信任、期待孩子与家长一起共同努力，营造家庭幸福的积极态度。

综上所述，关于开放家长的秘密花园，可以用这样一首打油诗来概括：

> 孩子本是一家人，何苦刻意立屏障？
> 看似呵护藏善意，却生好奇和迷茫；
> 放下执拗坦诚待，秘密花园来开放；
> 积极参与同改善，家庭幸福远流长。

小结：成为孩子的知心朋友

相信所有家长都有这样一份心愿：成为孩子的知心朋友。

因为天然的血缘关系，以及孩子在婴幼儿时期对父母本能的信任，这份心愿本应该是水到渠成的。可是，由于很多家长无法或者不知道如何放下自己的执拗，无意间就与孩子产生了很多的隔阂。随着隔阂的累积，最终衍变成家长与孩子之间沟通、交流的巨大障碍和鸿沟，直到最后有可能转化为极为糟糕的亲子关系，使得家长和孩子双方都遭受莫名其妙的、难以言说的伤害和痛苦。

既然家长渴望成为孩子的知心朋友，就应该了解并掌握孩子愿意把家长当作知心朋友的典型表现。从孩子成长过程中的几个关键维度考量，大致可以参考以下情形进行判断和确认：

（1）*功课学习层面。*

——无论具体的成绩和分数如何，孩子都能够主动或者没有顾忌地如实向家长汇报，尤其是成绩不够理想的时候，无需担心家长产生过激反应。

——能够主动或者愿意与家长一起制定或者分享学习目标，并提出合理的、需要家长支持配合的相关要求。

——能够主动或者愿意与家长一起分享在学习过程中的心得体会。

——能够主动或者愿意向家长如实汇报课堂学习的状态和表现。

（2）*人际关系层面。*

——能够主动或者愿意告诉家长自己与同学相处的大致情形。

——能够主动或者愿意告诉家长与同学产生过的摩擦或者矛盾，并分享自己的处理方法和情绪状态。

——能够主动或者愿意向家长表述对某些人和事的好恶。

——能够主动或者愿意与家长分享同学之间发生的趣事。

（3）兴趣爱好与课外活动层面。

——能够主动或者愿意向家长清楚地表述自己的兴趣，不必担心遭遇家长的阻拦或者干涉。

——能够主动或者愿意向家长发出陪同或者参与某些活动的信号。

——能够放心大胆地阅读与功课本身没有太大关系的课外书籍，不必担心家长的阻拦或者指责。

——有勇气向家长提出参与某些含有一定潜在风险的挑战性活动，不必担心家长的阻拦。

（4）与家长的亲子关系层面。

——不需要为了讨好家长，故意压抑自己的情绪。

——能够主动或者愿意告诉家长自己遭遇的委屈，不必担心家长进行空洞无聊的长篇说教。

——丢失或者遗漏钱物，能够主动或者愿意如实告诉家长，不必担心遭遇家长的指责和上纲上线的批评。

——能够主动或者愿意与家长分享除了功课之外的其他心愿和想法。

——能够大方、坦然、自信地向他人介绍家长。

——愿意与家长一起分担家务劳动。

——能够积极、主动地与家长一起建立并履行亲子仪式。

——敢于向家长提出不同的意见或者看法，并且指出家长的缺点和错误，不必担心遭遇家长的责骂。

参考上述罗列的相关指标，估计有些家长会认为，要让孩子做到这些非常困难；也有些家长会认为，这些本来就是孩子应该做的。表面上看，是两种截然不同的反应，但是从意识和认知角度分析，其本质都是一样的——其根源都在于家长的执拗——很多家长会执拗地坚持以下认知：

——孩子是我生的，我有权对孩子做出我认为好的安排。

——我为了孩子愿意付出一切，孩子的任何回报都是应该的。

——孩子还小不懂事，为了孩子的未来着想，我必须替他做主。

——我什么没有尝试过，孩子怎么可能会比我懂得更多？

——孩子就应该替父母争光争气，否则要孩子有什么意义……

笔者不想再罗列下去了。如果家长能够注意到，隔三岔五就有媒体披露的那些发生在父母和孩子之间的惨剧，如果家长能够稍微克制一下自己的感性情绪，从更理性的角度，更加冷静地了解、分析这些惨剧背后的众多因素，有一个重要因素必定无法回避或者忽视，那就是父母在孩子成长过程中的教育方式和方法出现了严重的问题，而所有方式、方法背后的支撑和驱动，都必然受制于家长的意识和认知理念。

换个角度说，如果家长真心想成为孩子的知心朋友，请放下那些认知上的执拗，尝试从理性出发，从更多维的层次、更广阔的视野、更长远的目光，认真审视并重建自己与孩子之间的关系认知，继而逐步改善自己与孩子之间的互动模式，调整教育、引导孩子成长的方式、方法。

正所谓：

> 父母天然爱孩子，此爱可叫鬼神泣；

倘若认知有偏差，方法方式必有疑；

一味付出横干涉，莫怪孩子违心意；

重建互信弃执拗，互动无碍两相宜。

所以，笔者还是愿意相信：你可以成为孩子的知心朋友！

| 第三章 |

放下执拗的六大实践场景

一、学业成绩：少一点操劳

假定阅读至此的读者，能够从前面的解剖中找到一些参考的路径，并且愿意尝试在认知上做出一些调整和改善，那么，在接下来的篇章中，围绕孩子成长教育过程中六大典型场景的具体实践建议，将会带领你找到更多、更有效的思路和方法，从而真正彻底地放下你的执拗，开启你与孩子亲密、愉快的互动成长之旅。

日常观察和不完全调查显示，孩子的学业与功课成绩，毫无疑问是家长操心的众多事情中牵扯精力最多的一项——即便笔者并不认同家长将大部分精力倾斜到这个方面是合适、有效的。可是，很多家长仍然会迫于来自有关升学、择校、前途等话题的隐形的、巨大压力，而不得不在孩子的学业功课方面付出大量的时间和精力，并用这种方式来对冲上述压力，以换取可能的，但实际上也只是暂时的心理平衡，更大的可能性是，在未来更长远的时间里，你会需要付出更多、更沉重的代价。

为什么呢？

因为将大部分精力倾注在孩子的学业功课方面，除了表面上可能对考试成绩的提升产生一些可能的作用（注意，的确只是两个"可能"）之外，那些潜藏的、引而不发或者引而未发的负面影响却是多层面、多维度的，包括：

（1）有意无意间忽视影响孩子健康成长的其他更重要的因素，包括身心健康状况、性格品行的养成、人际关系状况、生活自理能力的培养等。

很多家长错误而且非常执拗地坚持相信：学业成绩好必定可以上名校，上完名校必定可以有个好工作，有一个好工作必定会有好前途……即便我们不纠缠于家长定义的"好工作""好前途"与孩子心目中的"好工作""好前途"的定义是否能够高度一致或者相互融合，单就这样的推导过程，在简单的因果逻辑关系层面就已经漏洞百出，甚至是千疮百孔。于是，我们可以看到、听到很多学业成绩优秀的孩子长大成人之后，工作事业上并没有得到如期发展，甚至有些更极端的例子也是屡见不鲜。

（2）可能严重影响到家长与孩子之间的亲子互动关系，彼此可以沟通交流的对话空间将会变得非常逼仄、单一、空洞和无趣，随着时间的推移，更有可能沉淀为孩子对家长的积怨。

相信绝大多数家长在自己的人生实践中，能够非常深刻地体验和感受到，一段丰富有趣、幸福快乐的人生旅程，有赖于多种因素（包括工作事业、友情爱情、婚姻家庭、人际关系、学习成长、兴趣爱好、身心健康等）的相互融合、相互平衡并且彼此交互作用。对于孩子来说，又何尝不是如此呢？如果孩子在成长过程中仅仅拘泥于学业成绩这极为单一的维度，又怎么能够感受、体验到成长的乐趣呢？或许最终只有一种结局，那就是无法消解的痛苦。

（3）有可能严重影响孩子世界观、人生观、价值观的形成及其正向的认知体系。

我们知道,人在漫长的一生中,将会面对或者遭遇很多需要做出抉择的多方向的交叉路口,在这些选择的关口,真正起到深层次内在驱动作用的,恰恰是一个人在青少年时期就已经基本定型的"三观"认知。因为"三观"偏差(颇)而走上人生岔道,最终酿成各种让人唏嘘不已的人生苦酒的例子,真的是不胜枚举,层出不穷。

正是基于上述的思考和认识,笔者在孩子的学业功课这一问题上,总体的建议是:少一点操劳。

具体包括以下做法:

第一,通过一些具体的事例,让孩子了解并认识到学业功课的重要性。

只有帮助、引导孩子认识到学业功课的价值和作用,才有可能让孩子拥有学习功课的持续动力,并在此基础上逐步培养孩子主动、自觉、优质完成学业任务的习惯。

第二,与孩子沟通交流,明确其作为家庭成员在家庭中的角色,并承担相对应的责任和义务。

对于还在学习阶段的孩子,毫无疑问,尽力完成好学业功课上的各项任务,必定是孩子自己所需承担的责任——和家长要承担其健康、安全及基本生活保障的责任具有同样的性质和价值,只是分工不同而已。

第三,明确停止陪伴孩子做作业的时限。

笔者的具体做法是,从女儿小学三年级下学期开始,从儿子一年级下学期开始,就已经停止陪伴他们做作业了。当然,这都是建立在此前一个学期的陪伴过程中不断沟通、交流,最后达成共识、相互确认的基础上的。与此同时,我们对孩子也做出了相对应的承诺，包括：

——在孩子做作业期间，家长同时完成自己职责范围内的事情，包括处理家务、阅读学习、完成工作事务等。

——如果孩子碰到作业上的难题，可以及时提出请求帮助的需求，家长有责任耐心、细致地为其提供各种方式和渠道的帮助。

——阶段性地与孩子交流功课学习的思路和方法，帮助孩子逐步提高完成作业的效率。

——帮助孩子适当删减部分重复、机械，没有增值价值的作业，承诺并承担可能来自老师批评责备的责任。

可以非常负责任地说，作为个案的实践，上述做法最后都形成了非常良性的正向循环（女儿将要完成大学的学业，在加拿大滑铁卢大学数学系学习期间，她始终保持各学科平均分在 85 分以上的水平；儿子现在上小学五年级，各门功课成绩也始终保持在班级前三名，并且屡次获得"全面发展生"的荣誉称号）。所以，我们可以腾出更多的时间和精力，与孩子进行功课之外的其他更多方面的互动交流，进而有效促进孩子的全面发展。

需要进一步强调的是，家长需要确切地相信，孩子的学业功课成绩是多方面因素综合作用下的一个最终结果，所以，分析、追溯并确定能够促进和提升孩子学业成绩的关键因素，是家长在这一问题上取得事半功倍效果的重要路径之一。

笼统地说，对孩子功课成绩起到重要作用的因素大致可以分为以下几类：

一是孩子的兴趣和欲望是否被有效激发。

二是家长是否帮助孩子养成了良好的学习习惯。

三是家长是否注意孩子的学习方法并及时帮助孩子做出有效的改善。

四是家长是否保持持续学习的习惯,并成为孩子参考、模仿的榜样。

从另外一个视角来观察,家长也需要承认并接受一些可能的事实:即便有些孩子的确在学业功课方面有所欠缺,也不足以证明或者决定其未来的人生状态就必然走向糟糕的结局。

所以说:

都说成绩很重要,却非华山一条路;
追溯原因来入手,少点操劳是正途;
明确责任各自担,提供支持与帮助;
再有家长立榜样,彼此相安烦恼无。

二、行为习惯:多一点示范

就笔者的个体实践体会而言,在孩子成长教育过程中的六大典型场景中,恰恰在孩子的学业功课方面,所花费的时间和倾注的精力是最少的。因为无论是从纯粹的理念认知层面,还是具体实践效果层面,都在验证着一个确切的事实:如果家长愿意从更根本的要素和角度入手,一定能够帮助孩子进入一个健康、全面的成长轨道,并且会逐步形成更加高效、让人欣喜的正向循环。

所以,这一节将专门讨论孩子的习惯与言行举止这一根本而且极为重要的成长因素。

假如我们从人们朴素的经验层面去观察、审读"性格决定命运"这句话,它至少涵盖着绝大部分的事实。虽然一个人的性格本身有相当一部分来自于先天的遗传因子,但是,我们无法否认、更应该相信的是，后天（尤其在未成年之前）通过大量习惯的养成，对性格重塑将产生深刻而巨大的影响。从这个角度看，关于孩子的习惯与言行举止这一问题，就值得家长的高度重视。

对于孩子而言，需要家长关注并帮助养成的习惯大致可以分为四大类，包括读书学习、身体健康、娱乐休闲及日常生活。在帮助孩子养成这些习惯的过程中，家长最应该做的，也是最有效的方式就是：多一点示范。

先说读书学习的习惯。

相信任何一位家长都希望自己的孩子，能够养成愿意并喜欢而且积极主动读书学习的习惯。而现实的情况是，大部分家长都处于焦虑、无奈的状态。依照笔者的观察和不够全面的调查访问，出现这种事与愿违的情形，主要有以下几种原因：

第一，家长会有意无意地，非常单一地强调读书学习的功利性。

这也是最致命的原因。笔者当然不排斥读书学习的确有非常现实的功利价值。但是，单纯、一味地强调读书学习的功利性价值，必然会严重减损读书学习的内在驱动——因为但凡功利性的东西，都呈现短期性、即时回报性等特征。问题在于，读书学习过程中获取的知识，无论是对理念认知的改善、思维模式的建立与调整、观察视野的扩展，还是对审美品位的提升、性情情操的陶冶，都是一件极为缓慢，需要日积月累的事情。所以，一旦没有看到立竿见影的效果，就会对读书学习的价值和作用产生怀疑和动摇，久而久之，无论家长还是孩子对读书学习也就兴味索然了。

第二，很多家长将孩子的读书学习范围严格限定在学业功课这种单一、狭隘的维度上。

之所以这样做的家长，除了有第一种原因的认知偏差之外，还对开放孩子读书学习的范围存在一种担心，担心孩子没有足够的是非善恶的判断能力，被一些"不良信息"所污染——笔者当然同意家长需要帮助孩子进行必要的选择和取舍，但是，如果只限定在学业功课的范围内，肯定无法激发孩子的学习意愿和兴趣。

第三、很多家长强势干预，甚至阻断孩子读书学习的多种途径，固执地认为只有纸质的阅读才是"正道"，其他包括网络信息、电子书籍、影视动漫、娱乐节目、游戏等途径的学习都被视为"歪门邪道"。

笔者不想就此展开冗长的讨论，如果家长愿意将上述"歪门邪道"的学习途径，当成获取知识、促进孩子成长的一种手段或者仅仅是一种工具，也许就不会"大惊失色"了。

下面简单说说笔者是如何培养孩子读书学习习惯的，大致包含如下几条指导性原则：

——主动购买或者给孩子推荐一些学业功课之外，符合孩子年龄、兴趣特性的书籍，逐步培养孩子的阅读兴趣。包括幼儿园期间的绘本，以及后来逐步增加的童话故事、儿童作家的小说、文学名著等。

——主动向孩子介绍并推荐除了纸质阅读之外的其他学习途径，包括电视节目、影视动漫等。

——关注孩子的兴趣变化，主动及时地向孩子推荐与其兴趣相匹配的学习内容和途径。

——主动并以请教的方式，引导孩子与家长分享读书学习的心得体会和有趣的事情。很有意思的是，《奇葩说》《吐槽大会》《中国有嘻哈》《这就是街舞》及漫威电影、DC电影、日本动漫等，都是经由儿子的分享与介绍，笔者才有所了解，并逐步认识到这些东西对孩子成长的正向价值。

——逐步开放孩子自主选择学习内容和途径的空间。笔者在两个孩子上小学三四年级时，基本上就已经不再干预他们的自主选择了——即便笔者认为有些内容并不适合其年龄阶段所具有的认知水平，也不做强干预或者阻拦，而是通过沟通、交流的对话方式，进行引导和纠偏。

可以自豪地说，一以贯之地实施上述方法十几年以来，加上家长自身始终坚持读书学习的示范和影响，笔者的两个孩子都已经养成了非常良好并且持续的读书学习习惯。

以下是作者在儿子上小学二年级期间撰写的一篇小文，现实录如下，以飨读者：

孩子阅读兴趣的呵护与方向引导

无论是众多行家、名家对阅读作用的介绍与解剖，还是个人的切身体会，阅读在整个人生中所能释放的价值与能量都不可低估。

作为家长，自然也非常重视对孩子阅读兴趣的培养。就目前来看，这一层次的目标也算基本达到。至于如何达成，究竟用什么样的方法之类的经验或者做法，待日后有空再详细分享。今天要谈的是如何进一步呵护好孩子的阅读兴趣，同时又能够让孩子接受适度的方向性引导。之所以想聊聊这个话题，源自最近一段时间对孩子阅读行为及其结果的观察与反思。

估计已经有半年多的时间，发现孩子在平时聊天时所涉及的话题，简直是花样百出，令人眼花缭乱。既有电视娱乐节目中各种令人捧腹的桥段，也有参与娱乐节目的明星们的各种八卦；既有自然界的动植物各种之最，也有军事中的各种武器装备；既有手机桌面游戏的新颖奇巧，也有世界名车的品牌故事；既有热门影视剧的精彩片段，也有校园生活的真实场景；既有历史人物的奇闻逸事，也有山川河流的各种精彩……不一而足。对于一个小学二年级的孩子来说，如此丰富而广泛的话题内容，作为家长，的确心中窃喜有余。

但问题在于，就阅读本身的价值而言，其实会有彼此交错、相互促进的三个层次：一是增长知识，扩展视野；二是训练思维，启迪智慧；三是陶冶情操，修身养性。从着眼于孩子更加长远的未来的角度看，阅读的大用恰恰体现在后面两个层次的"无用之用"。从这个角度观察，作为家长还是需要注意，在孩子的阅读方向上给予适度的引导。

所以，近段时间，在参与孩子话题交流的时候，通过观察他所津津乐道的一些细节内容逐渐发现一些苗头，似乎开始出现一些偏差了。比如在交流中，他会略带得意地告诉你某某明星的身高多少，某某世界最大的瀑布有多高，某某世界上最大的蜘蛛有多少厘米，某某品牌的跑车最高时速可以达到多少，某某世界最大的喷泉能喷多高……老实说，我特别惊讶孩子能够记住如此多纷繁复杂的数字，也知道这些信息或者知识的确拓展了他的视野，并且极大地满足了孩子的好奇心。作为家长，当然需要小心呵护孩子的这些兴致。只是仅仅得意于增加谈资，甚至有以此炫耀自己嫌疑的阅读，恐怕会与阅读真正的内在价值渐行渐远。为此，在前些日子，趁与孩子交流的机会，我有意识地与他进行了一场这样的对话：

"儿子，老爸发现你最近懂得的东西多了好多，你问的好多问题，老爸都答不上来，有的甚至都没有听过，搞得老爸都有点像文盲了。"孩子看着我既有欣喜赞赏，又有点委屈无辜的表情，露出一副矜持着的得意神情。我耐心地等着他的回应。

"是吗？不会吧！原来老爸也有这么多事情不知道的？"

"那当然！你每天都坚持看书，而且看书的范围又那么广，一会儿世界之最，一会儿军事武器，一会儿世界名车，一会儿又儿童故事……老爸真有点跟不上你的节奏了……"

"哈哈，这些书我都感兴趣呀，难道不好吗？"

"当然好了！你知道老爸也很喜欢看书，只是老爸看的书暂时不太适合你。只要你喜欢，老爸一定支持你！记得前些时候，老爸也推荐过几本书给你，喜欢吗？"

"喜欢呀！老爸，你知道姜子牙的故事吗？有一个成语就是来自姜子牙的，你知道吗？"（前些日子给他推荐过《话说中国》系列丛书，具体他从哪个朝代看起，我就没有再干涉了）

"知道，'愿者上钩'。"

"是'离水三寸，愿者上钩'！这个你不知道了吧？"

"嗯……儿子，我发现你的记忆力真好，看过的很多知识都能记住。"

"那当然！看过了肯定要记住呀！老爸，你知道我是怎么看书的吗？你有没有发现有的书我会看很长时间？"

"没有太注意哦，怎么要看那么长时间呢？"

"因为我感兴趣呀！只要感兴趣的内容我都会看上好几遍！"

"难怪你能记住这么多的内容！而且我还注意到，你能记住好多世界之最的东西……"

"那是！要不我考你几道题？"（这时，我觉得有必要把话题转移一下，并在他的阅读方向上做一些引导了）

"千万别考我了，到时我答不上来你又取笑我。要不，我来问你问题？"

"那你问呗！"

"那你知不知道为什么你能记住这么多东西？"

"我脑子聪明呗!"

"为什么你的脑子就聪明呢?"

"因为我大脑上的沟回比较多……"当他说出"沟回"的时候,真有点把我整蒙了。

"沟回?你知道沟回?沟回是干什么的?"

"知道呀!我在一本书上看过,说一个人的大脑沟回越多,它的面积就越大,面积越大,装的东西越多。我能记住这么多东西,就说明我的大脑沟回比较多,所以,我就聪明呗!"当他说出这些话的时候,我的确很惊讶,在向他表达完我的惊喜和赞美之后,我继续顺着这个话题问:

"如果有一天你把你的大脑都装满了东西怎么办呢?"

"怎么可能?你知道大脑这些沟回铺开之后有多大吗?"

"我不太清楚。可是,即便很大,也会有一定的范围吧?"

"那是!"

"所以,就像我们家的客厅一样,如果现在摆满了东西,以后就放不下更好的东西了,是不是?"从科学的角度,这个比喻似乎不恰当,但为了引导他的阅读方向,只好如此。

"对哟!"

"所以,我们就要注意,有些东西看过之后知道一个大概就好,没有必要特别记住,否则就会占用我们大脑的位置。比如你记住了好多明星的身高、体重之类的东西,是不是就占用了大脑的一些位置?"我的目的是让他从这些无关紧要,甚至是纯粹八卦的信息中转移出来。

"好像是这样。老爸,你的意思就是那些明星的身高、体重之类的东西没什么作用呗?"

"你觉得呢?"

"让我想想……的确没什么作用，就是跟同学聊天说一说……"

"也不能说一点作用都没有，跟同学聊天，你就有更多的话题呀！只是，这些东西对自己的学习、对自己思考问题没什么作用，对吗？"

"嗯，是这样。那老爸，你说要看什么样的书会有更大的作用呢？"

"其实，看书最重要的还是你是否感兴趣！所以，你现在感兴趣的书还要继续看。不过，你马上就是小学三年级的学生了，按照你现在的阅读水平，老爸觉得你可以开始看一些小说之类的，尤其是一些经典的小说。"

"为什么呢？什么是经典的小说？"

"因为看小说，可以让我们了解更多的东西。比如我们从来没有去过的地方，我们从来没有接触过的人，我们从来没有经历过的事情，小说里都可能会告诉我们怎么回事。这样你就会懂得更多（其实，就我个人经验，经典文学名著的阅读最重要的是熏陶，但对于孩子来说，恐怕很难理解）。至于什么是经典小说，老爸推荐几本给你，好不好？"

"当然好了！你之前推荐的《话说中国》就挺好看的。"

接下来，我简单介绍了一下准备推荐他看的几本小说，包括《伊索寓言》《堂吉诃德》《少年维特之烦恼》《十日谈》等。

就此，完成了一次有关孩子阅读方向引导的交流。

按照比较规范的说法，所谓阅读，就是"从视觉材料中获取信息的过程。视觉材料主要是文字和图片，也包括符号、公式、图表等。首先是把视觉材料变成声音，后达到对视觉材料的理解。阅读是一种主动的过程，是由阅读者根据不同的目的加以调节控制的，陶冶人们的情操，提升自我修养。阅读是一种理解、领悟、吸收、鉴赏、评价和探究文章的思维过程。"（摘自360百科）据此，如何引导孩子在阅读过程中真正得到思维的训练、心智的启迪，乃至情操的陶冶，的确需要家长给予有效的指引。

接下来说说关于孩子身体健康方面的问题。可以概括为以下三个层面：

一是睡眠。

在孩子进入幼儿园阶段以后，家长有必要帮助并引导孩子逐步建立良好的作息习惯，以保证其拥有足够、充足的睡眠时长。很多专家对于孩子身体发育过程中，睡眠时长和睡眠质量的重要性都有非常深入的研究，并且相信绝大部分的家长也知道相关知识及其重要性，但是，仍然有很多家长无法帮助孩子养成具有一定规律的作息习惯，分析背后的原因无非就是：

——家长本身的作息习惯就存在混乱无序的状态，对孩子产生了负面的示范效应。

——在孩子的习惯尚未固化之前，没有把按时作息作为一条原则底线与孩子达成共识，并且不折不扣地执行。

笔者的两个孩子在即将进入幼儿园的时候，笔者就非常认真地向他们说明并确认，将每天晚上9点到9点半之间必须上床睡觉，作为一条比学习成绩和功课作业都更为优先的原则底线，开始陪伴训练、示范督促，一直持续到小学阶段结束。事实上，经过幼儿园的三年，这一习惯就基本固化下来了，而家长需要做的是，在以后的日子里，哪怕是有特殊情况，依然没有任何余地地坚持。

可以很直接地说，孩子未能养成良好的作息习惯，基本上所有根源都在家长身上。

二是饮食。

包括不过度食用垃圾食品、不暴饮暴食、不偏食挑食等习惯的培养，也同样取决于家长的示范和坚持。

三是锻炼。

对于身体处于快速成长的孩子来说，帮助并培养孩子养成体育锻炼的习惯，除了在增强孩子体质，强健孩子体魄等方面具有显性作用之外，更重要的是能够在性格塑造方面起到积极的、潜移默化的影响，包括：

——正确看待输赢得失（主要是竞技体育活动）。

——与他人竞争与合作（主要是团队性体育项目，包括篮球、足球、排球等）。

——遵守、尊重规则的意识。

——坚毅的品格等。

所以，家长应该积极做好以下几件事情，以帮助孩子建立并养成体育锻炼的习惯，包括：

——自身养成并坚持体育锻炼的习惯，起到积极的示范作用。

——鼓励孩子接触、参与各种不同类型的体育活动，不必过分担心某些活动可能存在一定的、遭受伤害的潜在风险。

——假如孩子出现受伤情况，保持克制，一定不能责怪，要细心呵护照看，帮助孩子一起分析并找到受伤的原因。同时，千万不能因噎废食，做出阻止的暗示或者举动。

——关注、发现孩子在体育锻炼过程中的良好表现，及时鼓励、表扬，甚至赞赏，予以正向引导。

以下是笔者与孩子在某个暑假实施"晨练计划"过程中记录的一段文字，全文照录，供读者参考：

如何让孩子愉快地接受你的建议

总是会听到一些家长在关于孩子教育问题上的抱怨或者困惑。尤其是很多本意很好的建议，总是得不到孩子的正向回应，甚至干脆就置之不理。

抱怨往往来自于时间安排上的局促。比如大部分家长与孩子相处的时间只有早上上班前，以及下午下班后到晚上睡觉前这两个并不充裕的时间段，加上还需要腾出足够的时间让孩子完成作业，等好不容易有点空隙，有可能还要满足一下孩子放松、玩耍的心愿。如此一来，有些本想与孩子沟通的问题或者话题，因为受到时间的限制，似乎都很难深入下去，大多"蜻蜓点水"般，让很多家长感到"意犹未尽"。更困惑的是，即便有些相对充裕的时间，却因为与孩子的沟通无法调到同一个频道上，一些原本想得好好的建议，最后变成自说自话，严重的，甚至导致不欢而散。

就上述情形，我不敢说有什么对症良药，毕竟"一样米养百样人"。孩子本身就是一个独立、独特的个体，犹如每一朵花都有其独特开放的姿态。但放下抱怨，寻找更有效的沟通节点和方式，至少是值得尝试的思路。

先记录一下，我们是如何让孩子愉快地接受"暑假晨练"这个建议的，权作"抛砖引玉"。

小孩放暑假了，如何安排好孩子将近两个月的假期生活，就成为家长需要与孩子进行沟通，并达成一致计划的重要议题。我们的做法是，由孩子根据自己的想法，预先提出一个大概的计划（早已经计划好的家庭出游时间不需要安排）。其中，包括他自己选择继续坚持学习的兴趣特长课程、暑假作业、玩耍放松等事情的安排。等他在草稿纸上写好之后，我们再与他进行确认。

为了避免孩子因为漫长的暑假而沾染一些不好的习性，比如懒散、懈怠、作业马虎、应付交差等，我们想通过"暑假晨练"的方式，让他的暑假生活能够从每一天的早上开始，就有一个积极、充实、愉快的状态。所以，如何让他主动、自觉地接受这个建议，就需要家长与孩子进行坦诚、深入的沟通。所以，在孩子做好他自己各项事情的基本安排之后，为了优化和确认整个的暑假生活计划，我与孩子专门就此进行了沟通。

"儿子，刚才老爸看了你写的计划，安排得很不错。"首先对孩子愿意参与这件事情给予充分的肯定，然后，我说："而且我发现，你安排的事情还挺多的，老爸只是有一点点担心。"

"担心什么呢？老爸。"

"老爸担心的是，这么多的事情，你会不会太累了？而且在你的安排里，好像并没有提到看电视、玩游戏这样的事情？"

"不用担心！我一定能够做好！其他玩耍的时间没有写，我的意思是，在我完成这些主要事情的空闲时间里都可以安排，也算是调节吧！嘿嘿。"

"那你的意思是，看电视、玩游戏这些事情主要是用来调节自己的精力，以便更好地完成每天计划的重要事情？"

"就是这个意思！所以，我说你不用担心。"

"好吧，老爸相信你！还有一个问题是，你要做好这么多的事情，是不是需要有健康的身体状态，才能够有更好的精神状态？"

"那是！"

"那你想不想知道，老爸是如何保持充沛的精力去面对每天很多的事情的？尤其是老爸出差的时候，工作强度很大，又是怎么保持良好的身体状态的？"

"嗯，我知道！你不是每天早上都会很早起来去练太极吗？我也可以早点起来，和你们一起！"

"啊？真的吗？你难道不想睡懒觉？万一你起不来怎么办？"

"那有什么问题！上学的时候不是也不能睡懒觉吗？万一我起不来，你们叫醒我就是了。"

"我们当然可以把你叫醒，问题是如果你的睡眠不够，即使早上起来晨练，还是会影响身体的呀！"

"那我晚上早点睡觉不就行了？"

"嗯，那好！那你觉得晚上几点睡觉合适？"

"那就在晚上10点之前，怎么样？"

"嗯，让我算算，从晚上10点到早上6点，只有8个小时，对于你这个年龄的孩子来说，好像不太够，加上你每天下午都有大运动量的武术训练，老爸还是担心你的睡眠不够，怎么办呢？"

"那我就中午加一个午觉，这样总行了吧？"

"这样肯定就没问题了！还有一点就是，老爸经常要出差，并不能每天都陪着你，怎么办？"

"不是有老妈吗？再说了，你也可以让老妈监督我呀！"

"那好！我们顺便约定一下，如果你能够按照计划坚持完成你答应的事情，老爸也答应给你买一个你一直很想要的非洲鼓作为奖励，如何？"

"太好了！"

完成上述沟通之后，我专门将孩子的暑假生活计划制成了一个表格。

一转眼，暑假已经快20天了，孩子真的按照之前约定的计划，正在有条不紊地过着他的暑假生活。我相信，在剩余的时间里，孩子应该能够更好地根据计划，真正度过一个愉快、充实、健康的暑假。

其实，要孩子接受自己的一些建议并不是特别难的事情。关键在于我们是否有足够的耐心，是否能够真心地与孩子进行商量、沟通。

就我的观察发现，很多家长向孩子提出建议的时候，往往单方面地要求，不但不屑于与孩子交流，甚至连提出这个建议的基本理由都不愿意向孩子说清楚！而且我还发现，一些家长在向孩子提出某些所谓好建议的时候，往往都对孩子唠叨别人家的孩子如何如何的好——当我们总是把孩子放到一个跟别人比较的位置的时候，其实，在某种程度上就是在否定孩子。即便是一个成年人，如果总是得到一些被否定的负面信息，还能指望他有一个良好的情绪和积极的态度吗？更何况孩子了。所以，很多教育领域的专家，都非常推崇对孩子进行"赏识教育"。

当然，要做好赏识教育，关键在于作为家长的我们能够善于发现孩子的一些优点并及时给予正向、肯定的反馈。而做到这一点的前提是，我们是否真心相信自己的孩子是一朵独一无二的、含苞待放的花蕾。

愿你的孩子因为你的呵护，能够绚烂绽放！

关于孩子习惯的第三个层面是休闲娱乐。

无需争议的是，爱玩、贪玩是所有孩子的天性，更有意思的是，孩子在这方面总是会呈现出让家长极为惊叹的"天赋"来，除了花样百出之外，更是无师自通。真正让人遗憾的是，很多家长都对孩子这份天性进行过有意无意地"扼杀"，甚至是强制"消灭"。其中，最典型、最常见的是网络游戏，这似乎成了很多家长的噩梦——即便我知道下面的建议有些家长无法接受，但是，笔者仍然愿意在网络游戏这一问题上分享自己的经验和做法。

和很多家长不一样的是，自始至终，我们坚持将网络游戏界定为一种途径或者工具。

做这一界定的本质和意义在于，满足孩子爱玩、贪玩天性的途径和工具有许多，网络游戏只是其中一种而已。由这种意识和认知而衍生出来的态度，恰恰可以最大限度地消解孩子对网络游戏的好奇，家长不必"谈网络游戏而色变"。

所谓"好奇害死猫"——很多时候，正是因为家长的这份"恐惧"，刺激了孩子难以抑制的好奇心，于是，孩子就会想尽一切办法，去尝试、去探究——笔者不否认，很多游戏的确很善于诱导孩子上瘾。

这就要求家长做好以下几项事情，包括：

（1）提前与孩子进行沟通、约定，列明可操作的相关文字条款，并与孩子进行确认。

大致包含这样一些内容：

——列明可以玩网络游戏的前提，包括完成作业、完成家长临时布置的家务劳动、家长邀请参与的其他活动（比如看电影、散步、郊游）等。

——要求每次开始游戏前，需要向家长报告最迟的结束时间，并承诺兑现。

——家长有权查看孩子所玩游戏的目录。

——孩子必须如实告知家长关于游戏内容、大致规则等相关问题的询问。

——家长有权在合情合理的前提下，对孩子所选择的游戏进行取舍。

事实上，在这件事情上，家长的目的需要明确而坚定，那就是通过这样的约定，帮助并培养孩子的自律。值得欣慰的是，几年下来，孩子基本没有因为玩网络游戏违反彼此的约定而遭受过条款所列的惩罚。

（2）主动了解当下热门的、孩子比较喜欢的游戏，找到机会以请教的方式，请孩子与家长分享游戏过程中得失与感受。

（3）关注孩子动向，一旦发现端倪，立即进行沟通、引导。

先与读者分享一段经历：

那是笔者儿子小学四年级暑假期间发生的事情。

和往常一样，周末我们带着孩子去爷爷、奶奶家吃晚饭。按照惯例，晚饭结束后到晚上八点半回家前这段时间，儿子可以和他的堂兄一起玩网络游戏。可是这一次出现了异常：当我们第三次提醒他结束游戏回家的时候，不但已经超过约定回家的时间二十多分钟，而且我还注意到，孩子在关机结束游戏时，流露出极度生气、委屈的表情……我意识到这是一个非常关键且重要的节点，于是，我和孩子在回家的路上进行了如下艰难，但是很有效果和价值的对话：

"儿子，今天的情况有点异常啊！不但超过我们约定回家的时间二十多分钟，我还注意到你好像很生气、很委屈的样子，可以告诉爸爸是什么原因吗？"

"不是已经关机回家了吗？告诉你也不懂！……"这种情绪再次确认了我的判断，所以，我迅速地调整好自己的情绪之后，继续问：

"因为今天情况的确与之前不同，所以，爸爸很想知道到底是什么原因，爸爸只有知道了具体原因，才能想办法帮助你呀。你刚才说告诉我，我也不懂，这句话就有毛病，不是吗？正因为你没有告诉我，所以，我才不懂，也有点莫名其妙呀！"

"……"沉默不语，我只好继续引导：

"看样子你是真生气了，可是，爸爸又完全不知道你为什么生气，搞得老爸都有点手足无措，不知道怎么办才好了……"

"信用分，你知道吗？"的确，我还真不知道信用分这件事情。

"啊，信用分？老爸的确不知道，可以解释一下是怎么回事吗？信用分？还真有点意思，爸爸很好奇的是，什么信用分会让你这么不高兴？说说看。"

"就是游戏的信用分，刚才我提前关机，就被扣了信用分……"还是处在恶劣的情绪中。

"嘿，有点意思，一个信用分的问题就把我们这么优秀的儿子惹生气了，看样子不是游戏的问题，是你被扣了信用分生气了，对吗？"

这个时候，儿子情绪得到了缓解，开始跟我解释信用分的具体情况（大致是《王者荣耀》游戏的一项规则）。等解释完之后，我首先向他表示了歉意，然后，继续对话：

"儿子，爸爸向你道歉，道歉的是爸爸不了解你这么在意信用分，难怪以前你做很多事情都能说到做到，原来你是这么在意自己的信用……"这个时候，我还用拥抱的方式，进一步强调我道歉的诚意，儿子也因此情绪好转了很多，于是，趁着这机会，我又与他进行了下面这样一段对话：

"儿子，爸爸很高兴也很欣赏你能够这么在乎自己的信用，除了游戏有这样的基础信用分之外，你知道你在爸爸、妈妈心中也同样有类似的基础信用分吗？"

"……"儿子似懂非懂地沉默着。

"就像今天晚上，因为你违反了我们之前一直以来的约定，所以，爸爸、妈妈也暗暗扣了你一些信用分……"这句话还没说完，我注意到儿子有点惊讶，又有点委屈的样子，眼里含着泪。

"不过，因为是爸爸不了解情况，所以，今天的信用分就不扣了。可以吗？"

"嗯……"

"接下来，我们需要一起来商量解决。就像今天晚上这样，你为了不被游戏扣掉信用分，就面临着被爸爸、妈妈扣信用分，因为按照你刚才的介绍，一旦游戏开始，你基本上没有办法保证，能够在我们约定的时间内结束游戏，对吗？"

"嗯……"

"所以，爸爸的建议是，你需要在游戏的信用分和爸爸、妈妈的信用分之间做出一个选择，由你决定，爸爸也给你三天时间考虑，等你考虑好了，再明确告诉爸爸、妈妈，可以吗？"

后来，我们就转移到其他的话题上了。结果，第二天早上起来，儿子就非常确定地告诉我，他选择的是爸爸、妈妈的信用分。更有意思的是，后来他再玩《王者荣耀》游戏的时候，竟然能够做到到时间就关机，当我问他在不在乎游戏信用分的时候，他只是调皮地朝我笑了笑……

最后，再与读者聊聊孩子第四个方面的习惯：日常生活。

总体可以分为：学习起居的内务整理和待人接物的言行举止。

而家长需要做好的事情，其实也很简单，包括两个方面：

一是身体力行，榜样示范。

二是方法指导，及时矫正。

笔者想再次强调，在孩子的习惯和言行举止这件事情上，家长不但需要分配足够的时间去关注，更重要的是，需要家长真正用心去发现，并捕捉那些关键的节点，做好提前的沟通交流并进行及时的引导和帮助。

有道是：

> 孩子习惯是根基，无论学习与锻炼；
> 再有娱乐兼日常，言行举止来彰显；
> 提前约定建共识，身体力行最关键；
> 倘若家长能用心，引导帮助尽欢颜。

三、个性养成：少一点惩戒

坦率地说，关于孩子的情绪与个性养成，就笔者目力所及，很多家长在认知上的重视程度都不够，甚至会有意无意间忽视对这个问题的关注。所以，我们总是会听到很多家长一不注意就脱口而出类似的话：

"哭？再哭我就不理你了！……"

"你一小屁孩，哪来这么多事儿？"

"你看看人家，哪像你？"

"要是你能有××一半的样子，我就烧高香了！"

"小孩子，没事，不要管他，一会儿就好了！"

"你到底想怎么样呀？"

"真是搞不懂你们现在的孩子都在想些什么！"

……

笔者不知道也不想去猜测，当家长事后再仔细琢磨这些话的时候，是什么感受。可以确定的一点是，如果一个孩子长期在这样的语言场景和氛围中成长，要想养成具备阳光积极、善良包容、诚实果敢等因子的个性，几乎没有可能，更别想孩子长大之后能够有较好的情绪管理能力了。

很多家长似乎对"赏识教育""正面管教"等概念及其理论，以及相关的实践思路与方法都深信不疑，甚至说起来也头头是道。

所以，为了规避"掉书袋"的嫌疑和陷阱，笔者不想在此去引用、罗列那些看起来正确无比的道理，但是，非常愿意从实践体认的角度，与读者分享一些个体的认知和具体的做法。

笔者实践的总体原则就是：少一点惩戒。

先谈谈孩子的情绪。

我们知道，孩子因为受年龄、心智、生活经历等因素的制约，即便到了青春期阶段，感性和理性之间都会处于极端不平衡的状态。也就是说，孩子会很容易受到外来（在）因素的影响或者刺激，直接在感性层面做出反应，从而引发相对应的情绪。

举一个简单的例子。

相信任何一个成年人在遭受到外力影响而产生一些并不严重的痛感的时候，除了当下的本能反应之外，肯定能够迅速地将注意力转移到类似这样的问题上，比如严重吗？需不需要专业人士帮忙处理？到底是什么原因？是自己不小心还是无法防备？以后是不是有可能避免？如何避免？等等。但是，如果同等痛感程度的事情发生在一个孩子身上，估计除了在情绪上反应、宣泄之外，并不会有更多针对这件事情进行解释、反思的管道，也很难产生解决这件事情的所谓思路和方法。

我们知道，无论负面情绪还是正面情绪，或者分为积极情绪与消极情绪，本身并没有绝对的正确与错误，真正值得关注的是，情绪强度超过一定的阈值之后，可能带给人的伤害或者创伤。所以，对孩子成长过程中的情绪问题，家长有必要做好两个维度层面的事情：一是给予足够的关注；二是在孩子的情绪超过一定阈值的时候，及时进行积极、正向的安抚和疏导。

重点说说关注层面，以下几类孩子情绪的触发源值得家长密切观察：

一是来自于学业成绩的。

相信所有的孩子都能够实实在在地感受到来自家长、学校老师等对于学业成绩的期待和关切——笔者也一样会对孩子有这种期待和关切。所以，笼统的建议是，把关注点放在孩子的学习过程、状态及学习方法、习惯等方面，而不是仅仅（紧紧）盯住最后的成绩和每一次的测试分数。尤其是要多发现孩子在学习过程中所表现出来的优点和积极的一面，并给予及时的鼓励——如果孩子能够不断地收到来自家长的正向反馈，必定可以有效激发孩子对学业功课的学习兴趣，以及更充分的信心，从而保持一个相对稳定、平和的情绪状态。

二是来自人际交往（主要是同学和老师）过程中，可能遭遇的矛盾、误解、责备，甚至是欺凌和伤害（包括身体伤害和精神伤害）。

从媒体不断曝光的极端事件观察，的确有很多家长在这方面的重视程度远远不够，甚至是完全缺失的。所以，家长有必要做好以下几件事情：

——非常明确地告诉孩子，只要遭遇到任何让自己感到难受、不舒服的事情，无论是来自老师还是同学，都要第一时间将事情的经过如实地告诉家长。

——明确、郑重地向孩子承诺，既不会不问缘由地批评、责骂，也不会毫无原则地庇护。

——一旦发现孩子情绪低落或者有其他异常表现，除了及时给予语言、肢体动作的安抚之外，一定要向孩子明确地表达你的担忧和疼惜，引导孩子将情绪宣泄出来，并在孩子情绪平复之后，鼓励孩子将事情的经过如实表述出来，以便家长做出正确、理性的判断。

三是来自孩子成长过程中以满足自身欲望和期待的，包括物质和精神两个方面。

笔者的经验是，既要做好提前的预判和约定，也要做好当下的安抚与调适。

提前预判和约定包括：

——依照孩子不同阶段的成长需求，提前询问孩子想达成哪些心愿，是否有非常具体的需求。

——明确告知孩子家长能够满足其需求的限度，并向孩子坦诚家庭的经济状况及家长所能努力达成的能力水平，帮助、引导孩子设定合理的预期。

——在家长承诺能够达成的范围内，向孩子开放自主选择的空间。

——保证不把孩子与其他同龄人进行高下优劣的比较。

——切实关注有关孩子的那些小事——笔者为此曾经记录过一篇文字，实录如下：

关于孩子的那些小事

有关父母对孩子的爱和关怀，已经有太多的描述、分析，乃至充满溢美之词的赞颂——几乎所有的人都不会对此产生任何的质疑，包括我在内。但与此同时，我们似乎也能够看到或者听到许多父母与孩子之间发生过，或者正在发生的很多悲剧，其中就有不少被冠以"爱和关怀"的名义。"爱与关怀"本身毋庸置疑，但表达"爱与关怀"的渠道与方式，包括具体的内容，也许值得很多家长重新审视与省察。

前些日子出差回到家中，依照惯例与儿子进行交流，包括学习、生活等方面。有一天早上晨练的途中，儿子的一个问题让我有点"胆战心惊"。他说："爸，我想问你一些问题，考考你对我了解多少。"

虽然我并没有确定的把握能够给他满意的答案，但是，看到儿子脸上那份充满期待的表情，我还是装着"很爽快"地答应等待他的问题——我当时的念头是，即便我对问题的回应并不一定准确或者符合他的期待，至少我直面了他的这份期待。

当然，值得庆幸的是，儿子的所有问题我都对答如流，而且与他心中的答案高度吻合。包括他最喜欢吃的菜有哪几道？他最不喜欢吃的有哪些？最喜欢喝的饮料是什么？最喜欢吃的水果有哪几种？最不喜欢吃的水果是什么？生日是哪一天？现在穿的鞋几码？衣服的尺码是多少？生气时候的样子如何？高兴时候的样子如何？……得亏他在我快速而又准确地回答完这些问题之后，可能因为抑制不住内心的喜悦与开心，只顾得与我击掌相庆，而忘记了后面还可能有的一系列问题。比如他最喜欢的电视剧？最喜欢的电影？最喜欢的电视节目？最喜欢的一本书？最喜欢的老师？最喜欢的同学？最喜欢哪一首歌？最喜欢哪一个游戏？最喜欢哪一位明星？最喜欢哪一种颜色？最喜欢哪一种乐器？最喜欢哪一项体育运动？最喜欢的动物是什么？最喜欢的植物是什么？最喜欢爸爸什么样子的时候？最喜欢妈妈什么样子？……还有与此相对应最不喜欢的呢？也许孩子并不一定真的会问这些问题，只是如果问起来，想想自己能够正确回答的又有多少呢？

应该说，自孩子出生的那天起，从嗷嗷待哺到咿呀学语，直到后来慢慢长大进入幼儿园、小学、中学，为人父母者都毫无例外地操碎了心，也倾注了自己所有的爱和关怀。问题是孩子开始上学之后，除了关心孩子的身体健康和学习成绩之外，家长是否真的清楚，孩子也期待父母能够对有关他的其他事情也给予足够的关注？本人当然不敢对其他家长妄加评断，但就自身的反思而言，倘若孩子有一天再次要求回答他的问题，以确定我们是否真正了解他的时候，作为家长，是否能够淡定自若、对答如流呢？

"彼此能够理解是因为彼此有足够了解，了解是为了更加深刻地理解。"

当孩子有一天失望而又无奈地对父母说"你们一点都不理解我"的时候，作为家长的我们除了诧异和难过之外，是否会闪过一丝丝的愧疚和遗憾？与其事后懊悔，不如从现在开始做起。作为家长，当你确实想向孩子传递你的爱与关怀，请从更加具体的内容开始，并且把那些关于孩子的小事作为有效而坚实的载体，孩子才能真切感受到爱的"温度"。

记住，孩子需要有"温度"的爱，这样，成长路上才会温暖！

至于当下的安抚与调适，可以借鉴这样一些方法，包括：

——不做任何评判地接受，并对孩子的情绪状态和表现表示理解。

——给予孩子宣泄、调整情绪所需要的时间和空间，并明确表达可以随时提供帮助的意愿。

——尊重孩子保留一定秘密和隐私的选择和做法，切忌穷追不舍或者无限联想而喋喋不休。

如果家长能够在孩子成长过程中密切关注孩子的情绪状态，少一点惩戒，多一点关怀，从而帮助孩子避免遭受极端情绪的干扰和伤害，建立并保持相对稳定的情绪水平，相信孩子阳光、积极、正向的个性养成也就能够顺理成章、水到渠成。

所以说：

> 情绪本身无对错，影响个性却啰唆；
> 事关成长需关切，重点源头不放过；
> 功课学习与人际，无形压力最多；
> 更有期待和欲望，没被满足自窝火；
> 提前预判加约定，引导孩子如实说；
> 哪怕小事常沟通，情绪个性结硕果。

四、孩子的世界：多一点交流

从某种角度看，很多家长与孩子之间总是不停地上演各种相爱相杀的喜剧、闹剧，甚至最后酿成了悲剧的绝大部分原因，都与家长无视或者忽略了孩子的世界与成长伙伴这一问题有关。换句话说，很多家长总是用自己过去经验的世界去度量或者设计孩子的世界，且不说家长所经验的那个世界是否足够真实可信，单就两代人所处时代，以及观察视野所看见的世界就存在很大差异，甚至是天壤之别。所以，各种建立在无法理解对方基础上的矛盾就会层出不穷。

那么，占据着相对优势权力的家长，到底应该如何去面对和处理这一问题呢？

简单地说，需要家长主动与孩子进行更多的交流。其必要性和好处大概有以下几点：

——通过交流，可以帮助家长以孩子观察世界的角度来重新审视自己所经验的世界，从而发现并找到两个世界的异同点，为双方提供可以进行深度沟通并达成共识的切入点。

——通过交流，可以帮助孩子对家长所经验的世界进行更真切地了解，进而为孩子最大限度地理解、接纳家长的理念及其行为，提供必要的基础条件。

——通过交流，可以帮助家长与孩子逐步放下各自自以为是的判断和成见，为避免彼此产生更多的误解和猜疑提供进一步对话的必要条件。

其实，笔者更愿意相信的是，大部分家长应该能够隐约，甚至清楚地知道，主动与孩子交流的必要性和好处，而真正困难和困惑的是，找不到具体、有效的方式与方法。

下面笔者结合自身实践，分享几个比较有效的方法：

（1）通过具体的言行，向孩子坦诚表达你渴望了解他们的诚意。

具体做法包括：

——主动向孩子询问，并要求孩子向你解释他为什么喜欢正在做的某些事情。比如正在看的一本书、一部电影、一部动漫、一档娱乐节目，或者正在玩的一项活动、一场游戏，或者经常听唱的歌曲、喜欢的某个明星等。

——耐心倾听孩子表述的内容，切忌对孩子所表露出来的各种情感倾向进行评判。

——带着问题请教孩子，并向孩子约定专门交流的时间。

（2）注意观察孩子待人接物过程中的行为举止，切忌以家长自身的认知和经验作为唯一标准对孩子的表现做出评判，甚至是强行制止。

具体做法包括：

——接受并包容孩子对周边世界和你完全不同的反应及其表达方式。

——当发现孩子某些表现已经僭越某些原则或者底线的时候，不要粗暴地责备、制止，而是提供具体的改善建议，并阐明充分的理由。

——在孩子与其同伴、同学互动过程中，在未征得孩子同意，或者没有收到孩子明确邀请参与信号的时候，切忌轻易介入其中。

（3）向孩子坦诚承认你可能存在的认知盲点，甚至是对他们世界的某些无知，并表达接纳、包容，甚至愿意积极改善的态度。

具体做法包括：

——当家长的某些错误认知或者某种不当行为已经导致孩子不适，甚至伤害的时候，要及时承认并向孩子道歉。

——鼓励孩子帮助家长发现自己认知上的不足或者某些行为的失当，并向孩子请教改善建议。

——不要轻易地以家长自身的认知和喜好标准对孩子的同伴进行评价。

（4）关注并发现孩子在成长过程中可能出现的迷茫、失措，甚至无助，并向孩子提供及时的帮助与支持。

尤其需要家长注意以下几个方面，包括：

——与同学、同伴之间产生的误解和矛盾。

——面对来自学校老师的无端批评和责备。

——身体成长过程中出现的生理变化现象。

——对某些社会现象产生的不解、伤心或者愤怒。

——其他情形下遭遇的恐惧、害怕或者不安等。

需要强调和啰唆的是，所有上述方法的有效实施，都必须建立在这样一个认知的基础之上，即家长愿意相信并承认：因为时代环境的差异，因为信息来源及其解读方式的差异，因为所受教育及生活方式的差异，孩子必定有其进入世界、接触世界、了解和认知世界，乃至与这个世界相处的方式，绝大部分情况下，并没有对错，只是不同而已。

分享一篇笔者此前撰写的公众号文章，以飨读者：

抓住与孩子聊天时的关键节点

与孩子建立一种能够深度互动，并且有利于促进孩子成长的亲子关系，相信既是任何一位家长的迫切心愿，也是令很多家长头痛的一个问题。不说现在绝大部分的家长，因为夫妻双方都是上班一族，掐头去尾，剩下能够与孩子在一起交流的时间非常有限，即便是有些全职照看孩子的家长，也会因为找不到与孩子交流的有效切入点而着急无奈。

在这种看起来非常现实的状态面前，作为家长，一味地抱怨与着急，恐怕只会让情形变得更糟糕。根据本人的经验（因为本人的工作需要经常出差，真正与孩子相处的时间也是极其有限），要有效解决上述困惑，关键是家长是否愿意进行一些必要的反省：我们是否真心愿意去发现与孩子进行深度互动交流的关键节点？我们自我界定的交流范围是否过于狭窄（至少我观察到很多家长与孩子的交流只有学校功课这一单一的范畴）？如何有效拓展与孩子交流的话题边界？

先说发现关键节点这一问题。从时间机会的角度看，送孩子上下学的路途过程是一个值得家长重视的黄金时段。当然，决定这一时段能否发挥其价值的重要前提，需要家长营造一个自由开放的交流空间和氛围。具体来说，可以通过向孩子提一些开放性的问题，引发孩子交流的兴趣与欲望。等迈出这关键的一步之后，家长需要特别注意的是，一定要克制住自己，不轻易抢孩子的话头，最好先用心聆听孩子所说的内容，等到孩子发出需要家长做出回应信号的时候，再向孩子陈述自己的看法或者观点。在做好上述工作的基础上，家长需要关注的是话题切入机会。如何发现并把握这种机会呢？虽然会有各种各样的方法和技巧，但真正重要的前提在于，家长是否真心对孩子所提及的话题表示自己的兴趣和关切。在此，先向各位回顾一段本人与孩子交流的一个场景和对话。

有一天早上送孩子上学的时候，恰逢下雨，路上交通拥堵，考虑到尽量不让孩子迟到，所以，在穿过拥堵路段之后的一段车辆稀少的马路上，我把车子速度提升到比正常情形（一般会控制在40～50迈）快了接近一倍（大概接近70迈）的状态。很显然，这种速度的变化，被坐在车上的孩子察觉到了。于是，我们开始了一段如下的对话：

"爸，车开得好快哦……"（这个时候我当即把车速减慢了下来）

"刚才是快了一些。你感觉到了？"

"是的。爸，为什么在街道上你刚才70迈左右的车速会让我觉得很快，但是在高速上，哪怕是120迈的速度也没有这种感觉？"（当孩子提出这个问题的时候，我并没有丝毫的敷衍，而是对他有这种感觉表示出了浓厚的兴趣，我觉得这可能是一个特别有意思的关键节点。于是，开始有意识地向他提问。）

"你认为是什么原因呢？"

"嗯……不是太清楚，是不是因为街道的树木、房子这些东西离我们很近？"

"是的，太对了！是因为我们看见的这些东西，让我们产生了这种感觉，高速公路上因为树木、房子离我们很远，感觉这些东西没有那么快离开我们，所以，我们也就不会感到车速很快。"

"哦……"

"这是因为我们看到的参照物不同。你知道什么叫作参照物吗？"

"参照物？就是那些马路两边的树木和房子吧？"

"是的，打个比方，如果我们以姚明为参照物，我们所有人都会显得很矮，对吗？如果我们把一个身高不到170厘米的人作为参照物，我们有很多人就会显得比较高了！"

"我明白了，参照物就是一个标准。"

"是的。我们把××作为参照……"我还来不及说后面的话，孩子这个时候很兴奋地插嘴了。

"那很多人就丑了，哈哈，如果把×××作为参照，我们很多人又会显得很帅……"听到这里，我也忍不住笑了。

"所以，我们看很多事情都要有一个参照物。那你现在能说出什么是参照物了吗？"

"参照物就是我们选一个人或者其他的东西作为标准。"

"是的。等以后你上初中学了物理之后，就会更明白什么叫作参照物了。但是，老爸相信你已经懂了什么叫作参照物了。真棒！"

……

对话结束以后，我能够明确地感受到孩子内心的那种喜悦。在上述整个对话过程中，我发现了孩子心中真切感受带给他的好奇心，于是，循着这个问题，非常愉快、有效地与孩子进行了一次深度交流。

需要强调的是，我之所以能够完成上述的交流，恰恰是因为我没有为自己与孩子交流的话题预先设定一个边界。不但如此，还会有意地引导孩子拓展话题空间。这样一来，孩子就能够在没有任何压力的状态下，呈现出其最本真的好奇心来。当孩子能够因为心中的好奇，毫无障碍地提出问题的时候，我认为，这就是一些非常关键而且有效的深度交流的切入机会。我把它称为与孩子聊天时的关键节点。

最后，还想啰唆的是，孩子心中的世界很大，绝不是学校这些功课就能满足的。反过来，当孩子的好奇心和求知欲望能够最大限度地释放时，功课本身根本不是问题。所以，我常常强调，"父母本该是孩子最好的老师。"愿天下父母都能够与孩子建立深度互动、平等交流的亲子关系。

为此，关于孩子的世界和成长伙伴这一问题，我们也许可以总结如下：

> 表面世界都一样，认知定义却不同；
> 家长经验非标准，接纳包容才轻松；
> 既要学习有诚意，更需观察要主动；
> 介入评判莫随意，耐心倾听用情浓；
> 孩子成长有烦恼，迷茫失措或惊恐；
> 悉心呵护伸手助，抓好关键乐融融。

五、兴趣爱好：少一点干涉

无论是专家的专业研究，还是家长的普遍实践，在孩子的成长教育过程中，都极为关注孩子的天性与兴趣爱好这一问题。实际上这也是无法绕开或者回避的问题——苏联著名教育实践家和教育理论家专家瓦·阿·苏霍姆林斯基（1918-1970）就强调："人的内心里有一种根深蒂固的需要——总想感到自己是发现者、研究者、探寻者。在儿童的精神世界中，这种需求特别强烈。但如果不向这种需求提供养料，即不积极接触事实和现象，缺乏认识的乐趣，这种需求就会逐渐消失，求知兴趣也与之一道熄灭。"

所以，正确看待、认真呵护，并且帮助孩子有效、正向释放那些天性——包括爱（贪）玩、情绪化、模仿、好奇、爱思考、对父母的依赖、对身边人和事的善意、喜欢赞扬等，就是家长必须高度重视并切实做好的事情。但是，就笔者极为有限的观察范围而言，很多家长恰恰在这一问题上，因为各种各样的原因做了一些不应该做的事情，甚至造成某种不可挽回或逆转的糟糕后果。

下面列举比较典型的两种情形，并尝试对其背后的原因进行分析和解剖：

第一种情形，也是比较常见的情形：走向两种极端，要不完全放任（纵）自流，要不粗暴扼杀。

可能受到以下因素的影响，包括：

——无视孩子的个性与具体表现，生搬硬套别人所谓的成功经验。不可否认的是，有的孩子哪怕是"野蛮生长"，最终也茁壮成长；有的孩子恰恰应验着"棍棒底下出孝子"，但最终只是个案，而且是"别人家的孩子"。

——家长毫无主见，过分在意社会上的所谓流行趋势。比如对孩子不管不问，还美其名曰"放养"；或者打着"不让孩子输在起跑线上"的旗号，强制要求孩子参加各种各样的兴趣特长班，基本不在意孩子的想法和兴趣。

——家长将自己的创伤或者遗憾投射到孩子身上，把孩子当成完成自己某种心愿的工具。

可以很直接地说，出现上述情形的家长，除了不愿承担作为家长的责任之外,更大程度上是因为自己拒绝学习和成长。

第二种情形,所谓的"好心没有好报"。也就是说,家长非常迫切地想帮助孩子,但是事与愿违。

原因可能是:

——没有或者无从了解孩子的真正特性和兴趣爱好。

——不知道如何向孩子提出合适的建议。

——向孩子提供帮助的方式、方法不被孩子认同、接受。

——无视孩子兴趣爱好的变化或者迁移,单一强调所谓的"坚持"。

——对孩子兴趣爱好所能产生的作用过于放大,甚至抱有不切实际的幻想。

这些情形的发生,更深层的原因往往是家长缺乏对孩子的细心观察、耐心倾听,沟通交流的管道单一,方式、方法简单,甚至是粗暴的。

笔者曾经记录过这样一段文字,现分享如下:

2016年4月26日,与儿子的一次对话

今天得空去接上钢琴兴趣课的儿子,趁他还没有下课的几分钟,找老师简单了解了一下他的学习状态,反馈说表现很好,"每次上课都特别有精神,一副开心的样子,不像有些孩子总是哭丧着脸……"听到这样的反馈后,我忽然觉得可以有一个跟孩子聊天的话头了。

等孩子下课后,我照例询问他今天上课期间比较有趣的事情。他告诉我,老师问他为什么葫芦丝的"4(fa)"音总是很闷?他的回答是:"因为葫芦丝是中国的民族乐器,之前只有五个音,并没有4(fa)和7(xi)这两个音,后来受西洋乐器的影响,才逐渐

加上去的，所以，这两个音不太准，吹葫芦丝的时候还不能太用力，否则那个弹片会弄坏……"我不懂音乐，不知道他这样的回答到底是否正确，只是告诉他，中国民族乐器本来是只有五个音，叫作"宫、商、角、徵、羽"，所以，会有"五音不全"的说法。接着，我借老师对他的评价和反馈，赞扬了他的表现，开始了以下的对话：

我："为什么有的孩子去上兴趣课的时候会不高兴？"

儿子："可能是因为孩子自己不感兴趣，被家长逼的吧。"

我："那你为什么不会不高兴？"

儿子："我自己想学呗！"

我："为什么想学？"

儿子："因为有兴趣呗！"

我："除了兴趣，你觉得学这些东西还有什么好处？"

儿子："有呀，现在的好处是，学校有才艺表演的时候都可以上场；长大了以后就有更多好处了，比如把才艺展现出来，可能找到更好、更适合的工作……"

我："所以，你现在学习这么多东西都是你自己想学的？"

儿子："那当然！"

我："那为什么有些家长会逼着孩子去学很多东西呢？"

儿子："我觉得家长逼着孩子去学东西不好……虽然有时候家长逼孩子学东西会有一些效果，比如郎朗（他自己在网上搜索过关于郎朗的一些介绍），但是有多少孩子能受得了练琴练到凌晨三点呀？所以，家长不能逼孩子去学什么，这样逼着学习，效率就不高，可能懂一些东西之后，没多久就忘记了……（眼看没有正面回答我的问题，只好再问一次）家长逼孩子学东西也可能想让孩子过得好一些，就像现在很多电视剧里演的那样，很多大户人家都不愿意自己的女儿嫁给那些比较穷的人家，怕自己的孩子受苦（这都什么跟什么呀，但是克制自己不打断他）……可是孩子也不愿意呀，因为不是她喜欢的……家长可以让孩子自己选，现在这么多可以学的东西，先问问孩子喜欢什么不就好了……"

我："那你现在学习的这些东西都是你喜欢的？"

儿子："那当然，都是我自己选的，不是吗？"

我："那既然是你自己选的，所以就不需要别人逼着学习，那平常自己在家练习的时候，也不用别人逼，对吗？"

儿子："那是！"

至此，完成了我想要的对话过程。记录下来的意思，无他，仅仅觉得，有些时候教育孩子并不需要那么正式、那么严肃，随机、应景给孩子一些问题，可能就够了。

笔者想表达的意思是，在对待孩子的天性和兴趣爱好这件事情上，基本遵循以下几项原则和思路：

（1）理性克制，防止走向极端。

既不因为孩子暂时有些偏差而着急，也不因为孩子表现出某些方面的特点（长）而急于求成。

（2）对话引导，而不空洞说教。

家长不把自己的观点和意志强加给孩子，而是寻找合适的时机，营造与孩子对话交流的场景氛围，对孩子进行潜移默化的引导。

（3）关注过程，而不强求结果。

尽量由孩子自主设定自己的目标，家长在中立态度的基础上，提供支持和鼓励，强调并释放"过程比结果更有价值"的理念和倾向信息。

(4) 放眼未来，防止短视功利。

将孩子的教育放在其长大成人，甚至更长远的时空维度上，来回望、审视孩子当下的表现和状态，避免急功近利的短视行为。

所以，笔者与很多家长忌讳甚至禁止孩子接触网络的做法完全不同的是，在孩子小学二年级的时候，就主动引导孩子接触网络，并让孩子开始使用网络这一工具。

以下是一篇记录小文，供读者参考：

教会儿子网络搜索之后……

自从儿子上小学以后，发现他总是有问不完的问题。如果是单纯的功课问题，或者简单的历史、地理常识，我基本还能应付得过来。但是，当他一会儿天文地理，一会儿军事武器，一会儿动物植物，一会儿娱乐明星的时候，自己那点可怜的储备真的是捉襟见肘。

一开始，还想着说借助网络给他一些回应。可是，这样做的结果几乎是灾难性的——只要他一闲下来，哪怕出差在外，他也缠着你问这问那……随着他逐渐长大，从二年级上学期开始，我终于强烈体会到"力不从心"的感觉了——作为家长，毫无疑问不能仅仅以"你长大以后就知道了"之类的话去搪塞他，更不能对他说"这些与学习无关的问题不要问"。

对于一个正在"疯狂"成长中的孩子来说，世界的大门，甚至是宇宙的大门正在向他徐徐开启，大门后面有太多让他好奇，也值得他好奇的事情，问问题正是满足他探索欲望的起点。如果这个时候没有好好呵护，将有可能对他的成长造成严重的影响，最直接的影响就是，"原来爸爸、妈妈并不希望我学到更多的东西"，一旦让他在心中留下这样的印象，必然会慢慢消磨掉孩子学习的动力。所以，当有家长抱怨孩子学习成绩不够优秀的时候，是不是应该反思一下，自己是否曾经无意间遏制过孩子"学习"的欲望？其实，孩子的成长和学习，绝对不能局限在学校的功课范围，甚至可以说功课只是孩子需要学习的范畴当中非常小的一部分。

正是基于上面这样的理念和看法，面对儿子层出不穷的问题，我必须找到一个解决的办法，继续满足他对那些稀奇古怪问题的探索。于是，有一天他再次向我提问的时候，我非常诚恳地对他说了这样一段话："儿子，你真的是太厉害了，经常问一些老爸回答不了的问题（家长是否愿意在孩子面前认输，是解决这些问题的前提），但是，爸爸又很想帮助你找到这些问题的答案。现在有一种办法，基本上可以解决这样的问题，你想不想学？"正如自己所设想的一样，儿子没有任何迟疑地回答我说："想啊！"

接下来，我就按照之前计划好的步骤，从下载App开始（我还专门告诉他，下载用的ID和密码），全过程向他介绍了如何通过网络搜索的办法去寻找那些问题的答案。然后，让他尝试操作了一遍——我大致还记得，他第一次输入搜索框的是"瓦岗山"三个字（因为有那么一段时间，他一直在听评书《隋唐演义》），当他从网络看到关于"瓦岗山"的介绍时，我注意到了儿子那种满足的喜悦感……这就是我教儿子网络搜索的前因后果。

为了引导他真正用好这样一个工具，我并没有向他提出"约法三章"之类的要求，而是跟他进行了一次简单的对话：

"儿子，现在学会了搜索，爽不爽？"

"太爽了！"

"那以后碰到自己不懂的问题，知道怎么办了吗？"

"当然知道！"

"可是如果你总是上网搜索，影响了其他的事情，比如学校的功课，该怎么办呢？"

"怎么可能？"

"也就是说，你能保证不影响？"

"那是！"

"万一呢？"

"万一的话，你可以没收我的ipad！"

"说话算数？"

"说话算数！"

然后，我们爷俩就来了一下"拉钩上吊一百年"。

算算教会他网络搜索已经半年多了。现在，我基本已经不需要再费尽心思、绞尽脑汁地想着怎么回答他的问题了。反过来，大多数情况下，只需要耐心地听他讲。更有意思的是，他现在问的问题，基本上都是他已经有了答案的，我需要做的是，因为无知或者装作无知，反馈给他一个错误的答案，等着他批评纠正即可。为什么就不可以让孩子带着自己成长呢？家长家长，不就是"和家人，也包括孩子一起成长吗？"

坦率地说，对于孩子的天性和兴趣爱好这一问题，家长与其在具体的操作层面纠结烦恼，还不如重新审视并梳理一下自己的认知和观念。

正所谓：

孩子天性本自有，若失理性乱节奏；

无论放任或禁止，过程结果令人愁；

细心观察是基础，营造氛围交流够；

兴趣爱好重过程，放眼未来少烦忧。

六、当下与未来：多一点学习

如果家长愿意认真检视、梳理一下自己在孩子成长教育过程中的所思、所想、所说、所做，到底有多少是真正着眼于孩子更长远未来的东西，估计会有很多家长都不敢面对或者无法回答。

在讨论具体的思路与建议之前，先分享一篇记录于笔者儿子小学二年级期间的文章：

儿子问："爸，什么叫作梦想呢？"

写下这个题目的时候，我还忍不住想笑。

那天早上，开车送儿子上学（只要没有出差，我都会送他上学，正好可以趁机跟他聊聊天，一般从随机的问题开始——没有确定主题的聊天是我跟儿子之间最常见的交流方式），和往常一样，正打算问他一些简单的问题，比如在这段时间里，对自己各方面的表现是否满意（因为这样的问题，无论他回答"是"与"否"，我都有机会继续询问下去）。

冷不丁，他先问我了，说："爸，你知道什么叫作梦想吗？"听到这样笼统而庞大的问题（其实，只是我们大人自以为如此），我告诉他："让老爸先想想。"因为这个问题真不好回答——毕竟已到中年的我，已经很久没有触碰梦想这个词了。生活总是很庸常、琐碎，甚至是一地鸡毛地摆在自己面前。琢磨来琢磨去，总是找不到自己认为特别合适的方式，向一个才上小学二年级的孩子解释清楚"什么是梦想"。于是，采取了一个迂回战术，把问题抛回给他，

"老爸实在说不清楚（我个人不建议在这种时候用自己都没有把握的方式向孩子胡诌，更倾向于坦率地告诉孩子真实的想法），你觉得呢？"让我万万没有想到的是，他的回答简单而又直接，"梦想就是做梦都想的事情呗！"听到这样的回答之后，借用现在流行的说法，就是我瞬间"石化"了——原来，在孩子心中，梦想根本就没有那么复杂。想到之前自己那个复杂思索、不断寻找准确定义的过程，只好把内心的羞愧掩藏起来，代之以赞赏的笑容。之后，我就趁机跟他聊起了关于梦想的话题。

"那你的梦想是什么？"

"你不是知道吗？（他还在幼儿园的时候，我们的确问过他，长大以后想干什么，他也告诉过我们）"

"那还是××（请允许我为他保留一点小秘密）吗（主要想确认和他之前说的是否一样）？"

"当然！"

"难道没有变过？你知道要实现这个梦想有多难吗？"

"怎么会变？我知道很难呀！"

"既然你知道很难，为什么不改变一下？"

"改变？做梦都想做的事情，哪能说变就变呢？"

"可是你知道这么难，又不想改变，怎么样才可能实现呢？"

"所以，从现在开始我就要努力！"

"打算怎么努力？"

"努力学好功课，努力学习其他更多的东西。"

"其他哪些东西？"

"你不是明知故问吗？（他的确自己主动选择了很多的课外兴趣班，除了偶尔在家练习的时候需要督促一下，没有任何一次上课表现出畏难情绪）"

"除了这些，还能怎么努力呢？"

"多看书呗！"

于是，接下来就问他最近看了哪些书，都讲了一些什么内容。这个时候，我唯一要做的就是当好一名认真的听众了。

记录下这样一个片段，除了为孩子留下一些成长的脚印，还有直接的原因，就是想借助文字的梳理，重新问问自己，到底梦想是什么？也许答案仍然是依稀、模糊的。但正如苏格拉底所说："未经审察的人生，是不值得过的！"多问问自己这样的问题，应该也是"审察"自己的一个过程，如此，或许能够找到更多让自己过下去的理由。

笔者从来都不反对关注孩子当下的行为表现和情绪状况，问题在于，当家长基于孩子当下表现，向孩子提供某些建议、某些要求、培养某种兴趣爱好和行为习惯的时候，是着眼于当下还是更长远的未来？

比如关于孩子的成绩。

如果仅仅着眼于当下，往往会特别在意孩子的具体分数及班级排名，而忽略隐藏在成绩背后更重要的一些东西，包括：

——孩子的学习兴趣是否被有效激发？

——孩子的学习方法是否得当？

——孩子的学习习惯是否已经养成？

——孩子是否有良好的思考习惯？

——孩子是否找到了自主、自觉学习的内在驱动？……

比如关于孩子的兴趣爱好。

如果家长不着眼于更长远的未来，而是仅仅拘泥于当下，就会做出很多让孩子难受，让自己难堪或者焦虑的举动来，包括：

——过分在意孩子的学习进度，忽视孩子的学习状态。

——把通过某一级别的证书当成唯一的目标，忽略孩子其他方面的收获和感受。

——把孩子的某些特长当成自己的脸面，过分在意孩子能否在外人面前炫耀，忽视孩子的感受，无视孩子的自主选择。

——把孩子的成长当成满足自己某种心愿的工具，无视孩子内心的真实体验和感受。

比如关于孩子的品性与行为习惯的养成。

如果家长不从孩子未来的角度考虑，就有可能出现以下完全基于表面的不当行为，包括：

——过分在意孩子在公众或者他们面前的表现，忽视孩子独处时候的状态。

——只在乎孩子是否帮助家长赢得了所谓的"面子"，完全无视孩子所做出的努力或者内心的某些忐忑。

——过于关注孩子的"规范"与"听话"，忽视对孩子天性的呵护和引导。

以上做法最直接的后果就是，家长无法与孩子建立正常、有效的沟通管道，孩子很容易陷入两种极端：一是极度的逆反；二是完全没有自主、自觉意识。一旦出现这种状况，家长极有可能陷入更加焦虑的泥沼而无法自拔，导致采取更加激进和蛮横的手段、措施，试图扭转那种糟糕的局面……如是再三，最终进入恶性循环……

笔者曾经写过一篇公众号小文，现全文实录如下，期待可以给读者一些参考和借鉴：

一个关于老虎和狮子的问题

相信任何一位家长都期望自己的孩子能够热爱学习、善于学习，并在不断地学习中健康、快乐地成长。但在现实中，我们又会发现很多孩子的表现并不如家长所愿，甚至产生厌学的情绪。更糟糕的是，一旦发现孩子有此端倪，很多家长往往并不是去分析、反思造成孩子厌学背后的原因，反而简单粗暴地一味"要求"孩子，最后陷入一个恶性循环中：孩子不想学，家长强制要求孩子学；孩子更不想学，家长的强制要求更多……

出现上述情形，固然会有很复杂的原因。但是，单从家长自身的角度，估计从孩子不断地向我们提出一些稀奇古怪的问题开始，就已经埋下了"祸根"——很多家长不但没有好好地呵护孩子问题背后的积极动机（一般而言，孩子之所以会有层出不穷的问题，恰恰是因为孩子开始对身处的世界产生了强烈的好奇心，并由此激发了孩子强烈的求知欲望和探索欲望），甚至因为自己一些无心的举动和言词，比如面对孩子的问题爱答不理，或者因为自己不懂而胡乱应付，或者因为问题令人尴尬而面露不悦等，若遇到孩子穷追不舍的时候，干脆对孩子的问题反唇相讥："你问的这些问题和功课有关吗？""你为什么就不多想想功课上的事情？""这是你一个孩子需要去关心的吗？""把你的聪明用到正事上好不好？""你看看人家的孩子，哪会像你这样没完没了？"……

其实，这些在家长看来也许很正常的言行，实际上已经严重地伤害到了孩子，并且直接扼杀了孩子的求知欲望——孩子会想，原来爸妈并不需要我知道很多的东西或者知识。如此一来，孩子又怎么可能会对学习产生兴趣和欲望呢？

所以，如果我们真心、迫切地期望孩子能够对学习有更加积极的态度，不妨从正视、重视孩子的问题开始。

所谓"善学者，师逸而功倍，又从而庸之。不善学者，师勤而功半，又从而怨之。善问者如攻坚木，先其易者，后其节目，及其久也，相说以解。不善问者反此。善待问者如撞钟，叩之以小者则小鸣，叩之以大者则大鸣，待其从容，然后尽其声。不善答问者反此。此皆进学之道也。（《礼记·学记》）。"

那么，到底该如何面对、回应孩子的问题呢？记录以下片段，供读者参考：

在一次带着儿子晨练的时候，我牵着他的手朝公园走去，一小段沉默之后，儿子忽然开口说："爸，我们聊点什么呗？"

听到孩子发出这样的信号之后，我非常确定孩子会向我提出一些问题了。因为从孩子很小的时候，我们就建立了相互提问的交流模式。即便我有一些特别期望他能够了解、知道的观念，或者需要养成的行为习惯，都会尽量避免单向告知他应该如何……而是形成有效的问题，引导他把话说出来，或者做出某些承诺。所以，在他发出这样的提议的时候，我非常愉快地回应他。

"那你想聊点什么话题？或者你有什么问题？"

"随便吧，要不问你一个问题？"

"好呀！什么问题呢？"

"嗯……你说老虎和狮子哪个更厉害一些？"

我不知道，假如孩子向你提出这样的问题，你会如何应对？其实，我们都明白，这两种动物不在同一地域环境中生活，在某种程度上是没有可比性的。但是，对于孩子而言，之所以提出这个问题，恐怕并不仅仅想得到谁比谁厉害这样一个简单直接的答案，也许问题背后还有更多的诉求。所以，我饶有兴趣地从这个问题开始引导。

"嗯……这个问题有点难倒老爸了！一个是森林之王，一个是兽中之王，两个都称王的动物，真的很难说哪个更厉害一些。你觉得呢？"

"哦……真的有点难分清哪个更厉害！"

"为什么呢？"

"老虎都生活在森林里，狮子呢，生活在大草原上。好像它们很难同时出现在同一个地方，所以，没法通过打架分出胜负来。哦，对了，在动物园里，我们倒是可以既看见老虎又看见狮子！不过它们还是不会在一起。"

"是的。不过，如果我们假设一下，有一天狮子来到森林里找老虎打架，你猜会怎么样？"

"那狮子恐怕会输！"

"为什么呢？"

"因为狮子没有在森林里生活过……就好像一个人，如果要他去做并不擅长的事情，哪怕他有些地方很厉害也不行！"

"太对了！同样，如果老虎来到草原上找狮子打架，老虎恐怕也不行。有一句话叫'虎落平阳被犬欺'，你知道吗？"

"不知道，没听说过，什么意思？"

"就是说，如果老虎来到平地上，它就发挥不出自己的优势，甚至有可能被狗欺负。犬，就是指狗的意思。"

"哦，我明白了。你的意思是说，虽然你可能很厉害，但是如果那个地方（其实孩子可能想说环境）不能让你发挥自己的优势也不行。就像老虎都有可能被狗欺负一样，哈哈！"

"嗯，非常对。所以，你觉得把老虎和狮子放在一起比较，能分出谁比谁更厉害一些吗？"

"还真分不出来！"

"但是，老虎和狮子都很厉害，对吗？"

"是的。"

"所以呢？"

"……就像两个人，可能都很厉害，但是他们各自擅长的东西不一样，所以，没有必要放在一起比较！"

"非常棒，儿子！就是这个意思。就像你，现在学了钢琴、架子鼓、葫芦丝、武术等，在这些方面你可能很厉害，只是还有很多东西你也没有学，可能也不是感兴趣的东西，对吗？"

"是的。所以，只要我把自己感兴趣的东西学好，也会很厉害，对吗？"

"是呀！所以，我们不一定要去跟别人比，你觉得跟谁比更好一些？"

"嗯……跟自己比！"

"那怎么跟自己比呢？"

"嗯……就是好好练习吧。比如学钢琴，我现在就比以前弹得好，还有其他东西也一样！"

"对呀！"

聊到这里，和之前的习惯一样，我们爷俩以击掌的方式愉快地结束了这次交流。来到公园之后，也就开始了各自的晨练项目。

通过一次又一次这样的交流，不但有效地呵护了孩子的求知欲望和探索欲望，也与孩子建立起了良好的、互动的亲子关系。更有价值的是，借助问题的引导，还能让孩子在轻松、怡然的氛围中，接收到一些自己的建议和观点。

从这个角度看，怎么强调重视孩子的问题似乎都不为过。所以，著名的教育家陶行知先生才会强调："创造始于问题，有了问题才会思考,有了思考,才有解决问题的方法,才有找到独立思路的可能。"

爱因斯坦也曾非常确信地说:"提出一个问题往往比解决一个问题更重要,因为解决问题也许仅仅是一个教学上或实验上的技能而已。而提出新的问题、新的可能性,从新的角度去看旧的问题,都需要有创造性的想象力,而且标志着科学的真正进步。"

我们不见得能够把孩子培养得多么出色,也不见得非要孩子长大以后功成名就。但是,从小培养他们愿意问问题、善于问问题的习惯,总不至于是一件坏事。

总而言之,如果家长愿意并切实地着眼于孩子更长远的未来,至少会在彼此之间建立很好的沟通交流基础,也能够有效地拓展更多的、更深层次的对话空间。

或许可以说:

孩子未来当如何?或在今日已定果;
当下固然需关注,放眼一生好处多;
沟通基础先夯实,对话空间无限拓;
学业爱好有内驱,品性伴随不蹉跎。

小结:成为孩子的榜样

如果读者稍微留意,有可能会发现,在上述六个典型实践场景的相关分享和探讨中,笔者除了分别提出三个"少一点"和三个"多一点"的思路建议之外,在具体的操作层面,总是会使用到这样一些关键词,比如观察、询问、交流、引导、信任、激发、鼓励、参与、示范等，并强调家长需要通过不断学习去调整、改善、提升自身的认知，站在孩子更长远的未来角度去考量、分析孩子的现状和具体表现，从而找到能够切实帮助孩子健康成长的有效手段和方法。

之所以如此的核心在于，如果家长真心想把孩子成长教育这件事情做得更好，就有必要非常坚定地相信：

——孩子不一定相信家长怎么说的，但是一定会愿意相信家长是怎么做的。

——孩子不一定在意家长是否真的懂很多或者多么优秀，而是更在意家长是否同样愿意不断学习和成长。

——孩子不一定会在意家长的批评有多严厉，而是更在意家长是否愿意相信他。

——孩子不见得会在意家长是否足够坚强和勇敢，但一定会在意家长是否能够给他足够的支持和温暖。

——……

记得在儿子上小学二年级期间，笔者曾经记录过这样一段文字：

与孩子的交流，可以从一辆车的颜色开始

和每次有空送孩子上学一样，车辆启动之后，照例会与孩子说一些无关痛痒的琐事，诸如昨晚睡得好不好？有没有做梦？是自己醒来还是闹钟吵醒的？寄望以此来启动上学路途中的交流。一般情况下，在接下来的十多分钟里，往往都是孩子讲述他刚刚从书本上看到的一些事情，我只需要老实做好一名合格的听众即可。但这一次，让我完全没有想到的是，话题竟然是从一辆车的颜色开始的。

请允许我原原本本地记录这次愉快的对话。

车出小区大门之后，马路边停放着一辆颜色相对显眼的车。于是，交流就此开始：

"爸，好像××牌的车有好多这种颜色，包括我们的也一样？"

"是的。我们这款车的主打颜色就是这种。"

"什么叫主打颜色？"

"就是代表该款车形象的一种颜色。车辆设计师会根据不同车款的形象定位，确定一种主要的颜色，这就叫主打颜色。"

"哦……那为什么同一款车也会有其他的颜色呢？"

坦率地讲，听到孩子这样的问题，当时我的确愣了一下，想着怎么才能让只上二年级的孩子听明白呢？稍事思考后，我说："的确是这样。打个比方，老爸的职业是培训师，所以，一般情况下，我对外的时候都会以正装的形象出现，因为这是老爸在社会上的主要角色。但是，如果回到家里，我又有另外的角色，比如是你的老爸、是奶奶的儿子……所以，作为培训师时我会穿正装，这也是我的主打形象，在你们面前，我也会穿其他款式和颜色的衣服……"

还未等我继续啰唆下去，孩子接话了："哦，我明白了。车和人一样，不同的颜色代表着不同的形象。"

"是的。不但不同的颜色代表着不同的形象，不同品牌的车也像人一样代表着不同的形象，不同的形象也代表着不同的品质和实力……"孩子又一次抢过话头（他这段时间正在看一本关于世界名车的课外书），开始了他的解读：

"嗯，我明白了。比如书上介绍的那些名车都是很厉害的，对吗？"

"是的。那些世界级名车都有很好的品质和形象。"

"为什么这些名车当中没有我们国家的呢？"这个问题实在太复杂了，一方面本人并没有把握说得清楚；另一方面也很难向孩子解释清楚。所以，只好把话题引到另一个方向：

"这个问题，老爸不是太懂。可能是因为质量不好，按照你们的说法就是比较 low 吧？我想问你的是，如果把人比喻成车，你最想成为哪一个品牌的车呢？"

"那肯定不能做那种比较 low 的呀！你猜猜我想成为哪个品牌？"

"猜不出来，保时捷？法拉利？玛莎拉蒂？还是奔驰、宝马？"实在是很难猜，只好说了一连串的品牌名字。没有想到的是，他的回答再次出乎我的意料。

"我想成为布加迪，没想到吧？"

"真没想到！连这个车你都知道，为什么呢？"

"当然知道！喜欢呗！老爸，你知道摩根这个品牌的车吗？"好一个避重就轻，转移话题。估计也是说不清楚为什么想成为布加迪了。

"摩根？不知道。那你知不知道，要怎么做才能成为这样的名车呢？"

"嗯……反正我不能 low……"

"很好！不管是布加迪，还是其他品牌的世界名车。有一点最重要，那就是必须有非常好的品质。你知道怎么才能保证这么好的品质？"

"是不是要把每一件事情都做好？"

"太对了！不但要把每一件事情做好，而且还要长期坚持下去，最后才能成为大家喜欢的名车。人也一样，只有把每一件事情都做好了，才能慢慢地得到别人的认同。"

"嗯，我明白了！"

"你确认你会这么做？"

"那当然！谁愿意成为很 low 的人呀！"

对话到此就基本告一段落。我不知道对话中间提到一些国产品牌作为例子，会不会对他产生一些不合适的影响。但这次从车辆的颜色开始的一次交流，还是让作为家长的自己颇有感触。

相信很多家长也已经强烈地感受到，面对生活在当下社会环境中的孩子，如果一味地向他们说教，告诉他们要如何努力学习，如何做人的一些空洞的道理，恐怕很难收到预期的效果，借用现在流行的一句话就是，这些言之无物的道理对他们来说，基本属于"无感"状态。反过来，如果我们愿意时时关注孩子的兴趣，并且愿意进入他们感兴趣的话题领域，与孩子的交流就能够顺畅得多，也无需家长耗神费力地向他们讲那些看起来正确的大道理。

有时候，家长恐怕更应该帮助孩子，甚至和孩子一起建立起属于他们自己的期待和方向，并由此激发他们心中内在的学习、成长的动力。唯如此，与孩子的交流才能变得简单而又趣味无穷。

笔者想表达的意思是，如果家长真心愿意陪伴孩子一起成长，身边任何一件小事或者不起眼的一个现象，都可能成为与孩子进行愉快交流的话题，都可能找到达成某种共识的入口……

因为你的成长，就会成为对孩子最有影响力的榜样之一！

诚意呼吁并邀请家长朋友们，让我们一起努力，你同样可以成为孩子的榜样：

> 教育孩子的确难，万千方法来试探；
> 哪怕掏心又掏肺，若无信赖都免谈；
> 多少一点有分寸，基于未来造港湾；
> 学习成长立榜样，潜移默化路自宽。

| 第四章 |

放下执拗的十大理念及实践

一、尊　重

笔者始终相信，任何一种手段与方法的实践效果如何，在很大程度上取决于隐藏在这些手段方法背后的认知理念。

所以，本章节将围绕孩子成长教育过程中的实践场景，进一步分析、解剖非常底层并且十分重要的十大理念，包括：尊重、平等、耐心、包容、坦诚、信任、陪伴、力行、发现、沟通等。

先说尊重。

笔者在本书第一章第三节《尊重，心口不一》中，已粗略地讨论过尊重这个话题，也列举了一些情形供家长检视自己是否真心、切实地尊重孩子。

笔者重提尊重这个理念，并且把它放在十大理念之首，实在觉得有必要从另一个分析视角，与读者进行更深层次的探讨。

从日常表达层面的实际运用情况看，应该能够发现一些端倪，包括：

——我们有尊重历史、尊重现实、尊重事实之类的说法，而没有尊重未来的说法。强调的是某些已经发生的现象，而且这些现象（刻意、有目的地造假、掩盖除外），并不会因为个人的某些意志而产生任何改变——这就为尊重这一理念可能触发的某种行为，设定了一个非常重要的前提，那就是你无法也不能强行逆转已经出现的现象，而相对较优的选择是面对。

——我们讲尊重服务员、尊重清洁工、尊重老师、尊重医生……却没有尊重服务员倒的水、尊重清洁工打扫的卫生、尊重老师说的话、尊重医生做的手术的表述——意味着尊重直接指向的是从事某项工作或者职业的具体而实在的人，而不是工作或者职业活动的对象。也就是说，尊重本身并不包含或者不应该掺杂带有好恶倾向的情绪。

——我们会有尊重××的选择、尊重××的立场、尊重××的想法、尊重××的判断等表述——意味着我们在某种程度上承认每一个个体都有自己思想的自由，或者独立思考的空间，既然如此，直接进行否定或者制止的做法都有可能会毁掉继续对话或者达成某种合作的基础。

如果家长愿意尝试把以上分析作为某种参考尺度，对自己在孩子成长教育过程中的言行举止进行比照，也许能够发现，在尊重孩子这一问题上，实在有许多值得改善的地方。

先拿微信朋友圈晒孩子这件事情举个例子。

笔者也和绝大部分家长一样，一度热衷于做这件事情。只是我们每次在信息发出之前，都会履行一道程序，即告知孩子或者征得他同意……从婴幼儿开始一直到小学三年级前后，这件事情从来都没有出现过问题。

但是，在他进入四年级之后的某一天，我们获得孩子口头同意之后，很开心地将信息发布了。出乎意料的是，当孩子从朋友圈中看到我们发布的信息之后竟然委屈得哭了起来，一开始我们还莫名其妙，后来经过耐心的交流，才知道孩子这一次的同意已经有点无可奈何。不得不承认，之前所谓征得他同意的做法，更多还是停留在形式层面，加上孩子的个体意识还不够强烈，所以，我们也自以为获得了他的"同意"。

殊不知这次的同意已经完全不同于之前的"同意"——自此之后，我们即便要用孩子的照片在网络平台上发布某些信息，也一定会与孩子再三确认，他确切同意之后才会发布。

笔者分享这个片段的意思是，孩子期待获得尊重的水平、范围，以及更具体的指标，会随着孩子年龄的增长、个体意识的逐渐强化，有更细腻和敏感的反应。以下两种情形的变化，都值得家长注意，包括：

——孩子在小学之前，对生活日用的物品基本上不会有太多的要求和主张，但是，小学阶段之后就会截然不同。

——随着孩子年龄的增长，对社会上发生的一些现象，会有自己更确切的认识和判断。

总体来说，对孩子的尊重，在承认孩子作为独立个体存在的认知基础上，以下做法也值得参考和注意，包括：

（1）为孩子提供更多、更大、更自由的选择空间。

比如日常生活、娱乐休闲方式上的喜好偏爱；学习内容的取舍和方式方法的实践；人际交往的圈子和取舍的标准等。

（2）避免对孩子的言谈举止进行简单粗暴地干涉，尤其是没有缘由、只凭家长自身喜好的干涉。

（3）赋予孩子参与家庭事务讨论、决策的权利，并鼓励孩子表达自己的主张和意见。

（4）避免在孩子面前做"事后诸葛亮"——任何人都有犯错的时候。

孩子犯错误本是很正常的事情，即便这个错误是因为没有听从家长的建议所引发的——家长除了帮助孩子认识到错误，以及可能带来的负面影响或者损失之外，诸如"早告诉你不能这样……""从来就不听大人的……""看看你干的好事……""一点都不长记性……"等类似的抱怨和责备，其实都有"事后诸葛亮"之嫌，都属于"语言暴力"的范畴（在本章第十节有关沟通的话题中，将会有更深入的探讨）。

所以说：

尊重两字很简单，落到实处却也难；

未经同意作主张，多数家长时常干；

再说事后诸葛亮，口不择言更纠缠；

孩子亦非有苛求，自主选择有空间。

二、平　等

坦率地说，这里说的平等，核心指向的是把孩子当成有独立人格个体层面上的平等。

因为在具体的实践中，平等的评价指标必然会受到权利与义务是否对等这一重要因素的制约。所以，本节所探讨的平等，实际上只能局限在与孩子成长有密切关系的几个维度上，比如表达意见和建议的机会、参与家庭事务的机会、获得家庭内部信息的权利、申明自己主张和选择的权利等。

先说笔者一位朋友的故事：

2015年，朋友的女儿在法国完成博士学业之后，想去非洲参加联合国难民计划署发起的一项志愿者计划，而且已经完成了前面绝大部分环节的筛选和面试。可是，当她满心欢喜地告诉父母（也就是我的朋友），期待获得支持和鼓励，甚至还想着父母能够为自己骄傲和自豪的时候，没想到却被浇了个透心凉。我不太清楚朋友到底采取了哪些手段对他女儿进行了干涉和阻挠，我知道的是，事情发生三年多以后的今天，我朋友非常懊悔地对我说："早知道会是这样一个结果，还不如当初不让她出国……"坦率地讲，我并不认为朋友认真反思过这个问题，因为他自始至终都认为，是当初让女儿出国才酿成了现在的后果。后果就是，他女儿"听话"地放弃了联合国难民计划署的工作，回到了国内，并且在很短的时间内又"听话"地嫁给了一个表面上很成功的男人（一个国有单位的处长，本科学历）……现在虽然没有鸡飞蛋打，"却不太容易看得见女儿的笑容了……"我除了给点不痛不痒的安慰之外，似乎也无计可施……

作为个案，笔者不确定这样的例子是否具有普遍性，更不想、也不能为孩子出国念书完成学业之后的去留问题提供任何确切的建议。

笔者仅仅想从"平等"理念的实践角度尝试探讨，家长在孩子成长教育过程中可能值得注意并需要深度反思的几个问题：

——家长是否能够确信，以自己的经验认知、做法给孩子的任何建议，包括生活、学习、工作，乃至爱情、婚姻等方面的建议，一定是正确的？

——假定家长确信是正确的，那么，衡量是否正确的标准和尺度有哪些？

——假如家长并不确信这些建议是正确的，到底存在哪些不确定的因素？家长是否有足够的力量完全排除或者屏蔽这些不确定因素的干扰？

——假定孩子的选择与家长的建议有矛盾甚至冲突，家长采取了什么样的方法与手段去化解这些矛盾和冲突？是利用家长的威权强制扼杀？还是完全放弃、纵容、不管不问？

——家长是否给予了孩子一定的自主选择空间和自由？是否与孩子交流确认过有关的范畴和尺度，并已经达成共识？

——……

必须承认的是，家长因为年龄和阅历的因素，在很多事情上的确能够积累到一些有益的经验和教训，并且将这些经验和教训分享给孩子也是有必要的，这也是家长应尽的责任和义务。问题在于，这些经验和教训都只是建立在已经过去的时空范围，是否在未来的时空范围内仍然具有正向并且积极的作用呢？何况行为主体已经完全不同了。

为此，笔者的建议是：避免将经验强加到孩子身上。

另外，即便是同一个孩子，在其逐渐成长的近二十年时间里，不同时期的心理反应和心理期待是完全不同的。

最明显的分界线是：青春期前的孩子，心理活动的典型特征是"万能自我"（也叫全能自我）。简单地说，就是"世界是围绕着我转的，我不用考虑他人"；而进入青春期以后的孩子，就需要培养并逐步建立"社会性自我"了，也就是"心理的社会性"。包括：

——在内心形成自发机制。把从父母那里获得的动力转变为从自己身上获得动力。

——和他人的关系。既懂得珍惜自己，也懂得妥协和让步。

——自身责任。自己去承担责任，而不是把失败转嫁给家人和身边的人。

——和"万能感"说再见。不再全能自恋，接受现实，也接受展现在自己身上的大部分现实。

——确保找到容身之处。除家庭之外，找到能安放自己的净土。

所以，笔者提出平等理念的意思是，孩子是否能够确切地感受到"被平等"。包括：

——主动询问孩子的意见和看法。

——不轻易阻拦孩子去尝试一些家长经验范围之外的事情。

——赋予孩子在非底线原则的事情上，保留、坚持自己的看法，甚至做法的权利。

——欣然接受孩子的合理建议，甚至是批评性的建议。

或许可以总结为：

> 孩子表面是个宝，实在弱势无人晓；
> 依赖家长来呵护，全能自我撒个娇；
> 哪知好心不领情，忽然青春来到了；
> 矛盾冲突处处有，平等相处方有招。

三、耐　心

从某种程度上说，在孩子成长教育的过程中，耐心是很多家长做得最糟糕的事情之一。只要输入"家长、着急"这样的词，让人哭笑不得的各种段子几乎是铺天盖地。如图4-1所示。

图4-1 有关"家长、着急"的内容

针对这些现象，已经有浩如烟海的相关文章，既有解剖、分析背后原因的，也有帮助家长出谋划策的……笔者无意加入这种讨论，从某种角度看，很多家长因此陷入这种喧嚣之中而不自知——假定是这种状态，除了进入一种恶性循环无法自拔之外，对解决家长的焦虑根本无济于事。

从解决问题、寻找出路的角度，可以分为两个层面来考量：

一个层面，来自外部环境（这里笔者不便进行更深层次的探究），作为个体的家长和孩子完全无力解决。

另一个层面，如何基于外部环境的现实，作为个体的家长和孩子从自身进行改善的能动空间。笔者就此谈谈自己的经验和做法。

坦率地说，笔者也会有很多家长类似的焦虑（在本书附赠的《写给孩子的那些书信》中，留心的读者应该能够感觉得到），唯一庆幸的是，笔者很清楚地知道，一味焦虑根本于事无补，反而可能让事情变得更糟糕。既然如此，让自己完全从理性出发，积极探寻相应的解决办法，就是唯一的上上之选。

从意识认知的层面，家长需要不断地提醒自己相信，并且让孩子也能够相信你相信的一些基本的事实。与此同时，确实按照这样的认知和理念，来指导并矫正自己的言行。包括：

（1）每个孩子及每个孩子所在的家庭，都有自己独特的家庭环境（包括出身、家长的成长背景以及相关社会经验，家庭成员的个性特征等），从某种程度上说，与"别人家的孩子"基本没有可比性。

基于这样的认知，在孩子出生不久，我就与孩子的妈妈、爷爷、奶奶达成了以下共识并坚持践行：

——禁止把孩子某方面的缺点或者不足与"别人家的孩子"进行单一结果的对比，从而对孩子进行抱怨，甚至批评。

——尽量多地发现并强调孩子已经做得好或者开始有改善的地方，并予以及时的鼓励和赞赏——注意尽量不用物质奖励的形式，因为物质奖励会产生不可抑制的边际效应递减。

——在需要孩子改善的地方，家长要率先做出示范并持续坚持。

（2）真心相信人生是一场漫长的马拉松，不受"不让孩子输在起跑线上"之类口号的蛊惑和诱导。并在实践中坚持：

——当孩子出现某些问题或者犯了一些错误（实际上孩子在青春期之前的错误，基本上都没有多糟糕的后果——除非家长在孩子很小的时候就一味溺爱、纵容）的时候，不会单纯责怪孩子，更不会纠缠在已经是错误的事实上，而是在孩子已经认识到错误（实际上，即便家长不说，孩子也能够意识到自己的错误）的基础上，帮助、引导孩子去找到引发这些错误的原因。

——相信并引导孩子不要沉溺在已经发生的事实上——无论是很好的表现还是暂时不太让人满意的表现，因为即便是单次很好的表现，在孩子漫长的一生中，所能起到的作用也是微乎其微的，反之亦然。

——通过一些具体的事例和故事，与孩子交流"责任担当"与"沮丧内疚"的不同含义及其行为表现，帮助孩子树立并强化责任意识。

（3）相信并接受世界上绝大多数人都是平凡的，甚至是平庸的，所以，自己的孩子普普通通就是正常，万一很出色算是运气。就此，我们始终坚持做的事情是：

——尽量避免硬生生地把那些圣人、那些出现概率极小的所谓伟大、英雄人物当成孩子学习的榜样或者追求的目标。

——切实关注孩子的兴趣动向，发现孩子喜欢、尊重或者崇拜的对象，帮助、引导孩子寻找自己可以参照，并且通过努力可以逐步建立的内在品质，而不是停留在所谓的结果或者成就上。

——帮助并引导孩子关注身边那些平凡、普通的人和事，并学会去发现这些人和事背后的正向品质。

笔者在上述认知和实践的过程中发现，对孩子保持足够的耐心，能够让家长和孩子双方都处于比较平和的状态中，也能够接受孩子可能不够理想的成长速度和表现，而且能够非常好地配合孩子的改善和成长节奏，反而给了孩子更多的自信，最终形成一个良性循环。

用一首打油诗总结，或许可以这样说：

人人都说起跑线，放眼一生路漫漫；

单次结果或表现，实无必要死纠缠；

接受事实再努力，孜孜践行把理参；

悉心引导调节奏，辉煌幸福亦平凡。

四、包　容

很显然，前一节提到要给孩子足够耐心的重要前提之一，就是本节要讨论的包容。就家长教育孩子这一问题而言，包容指向的意思很明确——就是家长要敞开胸怀去学习悦纳孩子状态。

毫无疑问，没有任何一个孩子能够做到任何时候都如家长所愿的状态。与此同时，家长需要警醒的是，你期望孩子呈现出来的状态，不见得就是适合孩子的状态，或者说这种状态不见得对孩子的健康成长真正有利。

就拿孩子是否"听话"这件事情来说，笔者就认为有很多问题值得家长细细思量，包括：

——你期望孩子到底听谁的话？家长？老师？其他长辈？或者所谓的专家权威？你能确保这些人的话都正确无误？即便正确无误，你能确保来自各个方面的话都能彼此一致或者完全融合？

——你有判断孩子是否听话的、可以明确度量的标准吗？如果有，孩子是否需要变成一架机器？如果没有，又由谁来判定孩子听话与否呢？

——假定你把不惹家长、长辈或者老师生气定义为听话的标准，请问有哪些具体的事情可能让你们生气？到底需要多大的强度才是生气与否的临界点呢？你能确保你的情绪状态都保持非常平稳的状态，几乎接近一条直线吗？如果不能确保，你还能断定自己生气仅仅是因为孩子状态这一原因吗？

　　以上问题，估计没有哪一位家长能够给出确切而且没有任何调整和变化的答案。

　　所以，在某种意义上，要孩子"听话"这件事情本身就很莫名其妙。

　　笔者建议家长作上述思考和反思，并没有任何让家长放纵、放任孩子的意思，而是建立在一个非常确切的基础之上，即所有或者绝大部分家长都深爱着自己的孩子，并且期望自己的孩子能够健康成长——假定这一基础存在，包容就是家长必须好好修习的一门功课。

　　不必纠缠包容这个词本身的意思，中国有一句俗话叫："儿孙自有儿孙福。"稍微宿命一点讲，就是每一个人，包括孩子都有自己的人生，以及他自有的人生道路。否则，我们就无法解释，甚至无法面对这样一个事实或者普遍现象：即便是同一对父母所生的兄弟姐妹（虽然我们国家因为某些原因，有一两代人都是独生子女），最后都是完全不同的人生，甚至是迥然不同的人生结局。

　　从另外一个角度讲，父母或者家长最多只能在孩子人生的前二十年左右，有比较大的能动空间。当然，笔者承认也相信，在孩子成长的这个阶段，家长一系列的教育行为和举措，对孩子后面的人生轨迹，会起到极为关键而重要的影响和作用。既然如此，家长就有必要回到原点：到底有哪些认知观念和行为，是能够最大限度向孩子提供正向帮助,发挥正向价值的基础和前提呢?

从笔者的个体经验和实践体会来说,包容也就是敞开胸怀学习悦纳孩子的状态,是一个不可或缺的重要因素。

下面说说悦纳孩子状态的具体做法:

(1) 观察、发现并接受孩子的独特性,并且相信这份独特性没有优劣、好坏、对错的分别。

笔者两个孩子在很小的时候,就表现出比同龄孩子早熟的一面(主要从孩子更喜欢比自己年龄大,甚至大很多的孩子在一起交流、玩耍,以及跟长辈在一起时不够活泼,甚至有些胆怯等表现观察到的)。所以,身边的亲朋好友总是说他们缺乏童真、不够活泼大方——我承认,孩子的确比同龄人少一些童趣,但是,这又如何?只要孩子健康,他有自己的快乐和开心的事呀……

(2) 接受孩子在某些方面的弱点或者与同龄人的差距。

本书前面的章节,有一篇小文专门记述了笔者儿子因为不会、不擅长画画的事情。我们的做法很简单:

——不要求孩子在这方面花费太多精力,完成作业任务为基本原则。

——我们非常确定地告诉他,即便老师批评,我们也可以接受,但"坚决不改"。

——把孩子的精力和注意力转移到他喜欢并且擅长的方面。

(3) 将关注的精力聚焦到孩子做事的过程中,不要太在意事情本身及事情的结果。

拿最让家长抓狂的电子游戏举例。

很多家长认为,只要是电子游戏,甚至只要是游戏,就一定"很糟糕"……在笔者看来,事情没有这么糟糕——孩子的手机上至少有 10 个游戏，同样也会抽空玩……我的做法是，除了前面章节提到的事先约定之外，还包括：不蛮横地制止或者中断孩子玩游戏；观察孩子游戏过程中的情绪状态，是兴奋得意还是沮丧生气，是深情专注还是心不在焉；等游戏结束后，找机会询问他游戏过程中的感受；找到他游戏过程中可以移植到其他事情上的正向状态和某些做法，与他进行交流并达成共识。

（4）避免对孩子的具体行为进行定性评价。

比如没有按时完成作业，就基于当次事实，询问孩子具体的原因，克制自己对孩子做出"做什么事情都是那么磨蹭……"之类的评价。

笔者的意思是，孩子的成长类似"离离原上草"，如果仅仅停留在遏制、阻拦、苛责层面，而不是在包容的基础上进行疏通、帮助、引导，一定会"春风吹又生"，甚至是"杂草丛生"。

所以，家长或许可以：

期望很多爱亦切，最不应该总苛责；
学习悦纳立基础，观察发现寻对策；
天生环境人各异，扬长避短或出色；
就事论事不定性，欢喜幸福更多些。

五、坦　诚

笔者主张家长在孩子教育过程中，需要足够坦诚的重要理由就在于，能够有效消弭孩子不必要的猜疑，让孩子获得足够的安全感。

家长应该承认并且相信的是，孩子健康成长的必要条件之一，就是足够的安全感——安全感作为一种心理需求和感受，受到物质层面和精神层面两个维度的影响。由于每个家庭的物质条件不尽相同，甚至是天壤之别，所以，从精神层面让孩子获得更多的安全感，家长应该可以做得更多。

那么，家长有哪些具体的做法，可以帮助孩子消弭不必要的猜疑，进而获得更多的安全感呢？

（1）家长在尽量保持相对稳定情绪的基础上，不必刻意掩饰自己的负面或者消极情绪，并尝试用孩子可以理解的表达方式，让孩子知晓这些情绪的触发源，避免孩子将错误归因到自己身上，产生不必要的自责。

（2）不要为孩子设定所谓的话题禁区。

（3）当家长在工作生活中出现某些失误，或者遭遇某些挫折和困难的时候，尝试用孩子可以理解的方式，向孩子陈述事情的原委。

依照笔者实践的经验，只要家长真心地把孩子当成平等的家庭成员，坦诚相待，并且期望与孩子建立彼此信任的互动关系，就一定能够做到，并且做得更好。

还是用一首打油诗来总结吧：

> 孩子需要安全感，最忌猜疑引不安；
> 情绪流露不掩饰，触发源头来交代；
> 浮想联翩因禁区，刻意回避失信赖；
> 既是天意一家人，坦诚相待心同在。

六、信　任

虽然信任是一个极为庞大的话题，但回到家长与孩子互动关系的操作层面，实际上并没有那么复杂。

从家长的角度看，孩子在很小（尤其是婴幼儿时期）的时候，出于本能对家长予以了无条件的信任，因此，几乎所有的家长都能尽己所能地承担起相关的责任。反过来思考，是否意味着，如果家长能够先给予孩子无条件的信任，也有可能激发孩子内在的责任感呢？

那么，家长对孩子的信任到底包含哪几个维度呢？

一是相信孩子能够有效完成其责任范围内的事情。

拿孩子上学期间最主要的功课学习举例。笔者的做法是：

——在每个学期开学之前，都会跟孩子进行一次相对正式的沟通。包括孩子在新学期可能面对的困难和挑战，以及孩子目前已经具备的优势和需要进一步改善的地方，并在这些方面达成共识。然后，告诉孩子你完全相信他有能力去做好这些事情，同时，承诺向孩子提供一切必要的支持。

——与孩子共同梳理其需要承担的责任范围。

——与孩子共同制订相关的行动计划。

表4-1是我们与孩子共同商议并达成共识之后，制定的一个计划表（样例）。

第四章 放下执拗的十大理念及实践

表4-1 自我管理与成长计划

事务类别	事务特征	科目	时间顺序	具体事项	时间（分钟）	合计时间	每天晚上完成时段						
							一	二	三	四	五	六	日
功能类	重要并且紧急的	语文	1	朗读录音	3	50	19：20—20：10		18：30—19：20	18：30—19：20	18：30—19：20		
			2	阅读存折	2								
			3	作文大口袋	10								
			4	作业纸	延时完成								
			5	一课一练	5								
		数学	1	每日一题	5								
			2	20道口算	10								
			3	英才练习	延时完成								
			4	一课一练	10								
		英语	1	网上作业	10								
			2	复习（预习）	5								
			3	作业纸	5								
		阶段性	1	成长手册	2							19：20—20：00	
		临时	2	乐理作业	60								

续表

事务类别	事务特征	科目	时间顺序	具体事项	时间（分钟）	合计时间	每天晚上完成时段						
							一	二	三	四	五	六	日
自我成长类	重要但不太紧急	兴趣爱好类	1	钢琴	20	60				19:20-20:20			
			2	架子鼓	10								
			3	笛子	10								
			4	书法	20								
			5	武术									
		长期积累类	1	阅读		50	20:10-21:10				20:10-21:10	19:30-21:10	20:10-18:30-
			2	看电视（电影）							21:10	21:20	21:20 21:00
			3	体育锻炼									
			4	旅行									
			5	英语短配音									
			6	散步									

二是相信孩子能够认识到自身的缺点和某些错误。

很多时候，家长总是认为孩子什么都不懂，所以，当孩子出现某些不当言行的时候，就会不留任何余地地对孩子进行呵斥、责备。事实上，如果家长能够稍微有点耐心，再现一下孩子言行所导致的结果和事实，孩子往往能够很快意识到其言行的不当之处，家长如果能够继续加以引导，孩子也能够清楚地知道正确的方向和做法。

三是相信孩子拥有变得更好的潜在意愿。

这是很多家长最容易忽视的一点。主要表现在以下两个方面：

——当孩子把某件具体事情弄糟之后，家长很容易上纲上线。比如孩子不小心打破了一个碗，家长常常忘记帮助孩子去分析造成这个结果的原因，反而进行一连串的呵斥。

——当孩子在某一具体事情上有所改进或者明显进步的时候，家长却忘记给予及时的肯定与鼓励，反而责问孩子为什么不能做得更好。

四是相信孩子能够有能力处理好其所属人际范围内的矛盾和冲突。

可以非常肯定地说，绝大部分情况下，孩子在成长过程中与同学、伙伴之间产生某些矛盾和冲突，都不会有多么严重的后果，而且基本上孩子都有"自处理"能力。但是，遗憾的是，很多家长总是忍不住"深度介入"，反而会让孩子无所适从。

如果读者还有印象，笔者在本书的《自序》中就特别强调在与孩子互动的过程中，始终坚持用"我相信你……"这样的句式，其背后正是基于对孩子充分信任的认知和信念。并且在此过程中，引导、帮助孩子逐步建立自我承诺，从而激发孩子内心的崇高感，并最终形成孩子成长过程中的内在驱动。

所以，关于对孩子的信任，可以总结为：

　　　　家长孩子血脉连，彼此信任是本能；
　　　　孩子智慧本具足，悉心导引定益增；
　　　　倘若介入无尺度，不知所措迷茫添；
　　　　四个维度有信任，内在驱动定有恒。

七、陪　伴

　　家长的陪伴对孩子健康成长的重要性无需多言。真正困难的是，家长应该如何理解陪伴的本质意义，以及在条件有限的情况下，仍然能够让孩子感受到来自家长陪伴的温暖。

　　但在现实生活中，听到的却是很多家长极其无奈的感叹：

　　——几乎把所有时间和精力都放在孩子身上了，怎么还是……

　　——只要回到家里，我已经不做任何与孩子无关的事情了，可是，孩子好像还是……

　　——就差没有把心掏出来给他了，最终还是……

　　——我也想陪他呀，可是人家根本就……

　　——……

　　乍一听，这些饱含着沮丧、焦躁与无奈的叹息和诉说，似乎都非常值得同情和安慰。但是，假定你真的表示了深切的同情，或者给予了某些安慰之后，你可能会痛苦地发现，你还得继续面对绵绵无期的辛酸史、苦难史，甚至是血泪史。而且为了向对方表明你的情真意切，你还得一同感叹，真是"可怜天下父母心"呀！由于彼此在这样的"同频"交流中，默契地达成了"同是天涯沦落人"

的共鸣，或许一场以数落孩子为主题的大戏就此上演……待"演出"结束后，各自依旧，为下一轮演出准备着更多的"素材"。

从某种角度说，旁人似乎没有权利去评价上面这些情形，因为这毕竟是人家的真实感受，可是，问题在于当你强调你的感受的同时，是否也感受过孩子的感受呢？也许孩子无数次在心中说过这样的话：

——亲爱的爸爸、妈妈，我知道你们很爱我，可是难道爱就只能用唠叨的方式来表示吗？

——亲爱的爸爸、妈妈，你们把所有的时间和精力都放在我身上，难道你们自己真的没有其他稍微重要一点的事情吗？

——亲爱的爸爸、妈妈，在你陪我的时候，除了功课、学习上的事情，难道就没有其他话题了吗？

——你说要我快乐就好，你真的快乐吗？为什么总看见你整天愁眉苦脸、唉声叹气呢？

——为什么在你们的眼中，我总是有那么多的缺点和不足呢？

——为什么我认为做得对的事情，在你们的眼中总是错的呢？

——为什么你们身上的毛病几十年了都没有改掉，到我这里就得马上改掉呢？

——为什么你要求我要锻炼好身体，你们就可以整天窝在家里，从来不运动呢？

……

如果你愿意去听孩子没有说出来的这些话，在你感叹"可怜天下父母心"的同时，你就可能听到孩子说的另外一句话："可怜之人必有可恨之处！"如果是这样，你是不是更加伤心欲绝呢？

所以，如果家长真心认同"父母的陪伴是孩子健康成长的滋养"这一观念，请在行动之前想清楚，孩子到底需要什么样的陪伴？到底是身的陪伴还是心的陪伴？到底是和孩子一起成长的陪伴还是单纯要求孩子的陪伴？……这些问题的答案，除了你的孩子之外，没有任何人能够给你答案，更不是那些所谓的专家能够猜测得到的。

如果你真心想从孩子身上得到更确切的答案，请给孩子足够的耐心，让他可以毫无顾忌地说出他的心声、他的故事；让他可以没有负担地展现他的喜怒哀乐；让他可以在你的和颜悦色中"胡言乱语"；让他可以有自己的爱与恨；让他能够尽情地哭和笑；让他可以沮丧；让他分享喜悦；接受他的失败；一起享受他的成功；让孩子有离愁别绪；也让孩子可以天马行空……你可以静静地坐着，你也可以牵着他的小手，你可以表露你的好奇和欣喜，你更可以享受……

但是，请你控制好自己，不要打断孩子；不要对孩子预先做出评价；不要指责孩子；在说出你的意见和看法之前，先听听孩子的意见和看法；在提出建议和要求之前，先听听孩子的想法和打算……如此陪伴，你将幸福着孩子的幸福，孩子也幸福着你的幸福。

因为面对未来，我们不见得比孩子懂得更多。

所谓"陪伴是最长情的告白"，家长切实做好陪伴孩子这件事情，真的不是想象得那么难：

> 陪伴价值无需言，真心才能效果好；
> 如影随形看似妙，方式不当亦徒劳；
> 倘若身在心不在，家长孩子皆烦恼；
> 陪伴更需近本质，万千法门都是招。

八、力　行

如果读者能够接受"教育的最高境界就是润物细无声的影响"这一观念，那么，通过力行让自己成为孩子模仿的对象，就应该是家长陪伴孩子成长的一条切实可行的路径。

先说说几种常见的情形：

——在培养孩子良好阅读习惯这件事情上，相信很多家长都花费了不少心思和工夫。包括给孩子讲很多故事和道理，帮孩子订购很多的书籍，甚至连哄带骗地要求孩子要"多阅读"，以免长大以后如何如何……可是，我们仍然会看到很多家长在这一问题上一筹莫展……

——培养孩子日常的作息习惯和内务整理等事情。

——培养孩子遵守公共秩序和社会公德意识等。

——包括培养孩子的爱心、感恩、责任、诚信等一些重要的品性上，很多家长应该都曾经苦口婆心地念叨过，可是孩子往往是听的时候很认真，做的时候却把"道理"抛到九霄云外去了。

所谓"百闻不如一见"，实际上，以上所有家长希望孩子能够养成的行为习惯和重要品性，根本无需向孩子费尽口舌地讲道理、说故事，家长只需要身体力行地坚持做下去，就能够为孩子树立一个学习、模仿的对象，最终帮助孩子养成那些好习惯。

具体的做法可以参考以下建议：

（1）梳理一份清单，并且率先行动起来。

家长可以依照孩子不同年龄阶段的心智特点，结合自身对孩子的期待，梳理一份好习惯清单，并且立即行动起来。

（2）持续坚持下去，并与孩子共同设立里程碑节点。

家长千万不能仅仅停留在"做给孩子看"，而是要持续坚持。当孩子开始模仿的时候，及时鼓励孩子，并与孩子共同设立里程碑节点——指的是在一个时间段内，相互检视、监督彼此完成的情况。

（3）赋予孩子监督的权利，并接受孩子实施事前约定的惩罚条款。

这是至关重要的一点，一方面可以让孩子感受到"游戏"的乐趣；另一方面让孩子感受并建立"规则是需要被遵守"的观念。

（4）鼓励孩子分享感受，帮助孩子找到好习惯背后的好处。

有心的读者应该能够发现，通过力行的方式，帮助孩子养成一些好习惯的过程，事实上也是家长自身不断成长的过程。也就是说，如果家长自身能够持续保持成长的意愿，并切实感受和体悟不断成长的乐趣和价值，所有你希望孩子养成的好习惯，都会水到渠成。

正所谓：

若想孩子更优秀，榜样力量必须有；

榜样众多何处觅？家长力行最优。

梳理清单即刻做，润物无声影响就；

赋予孩子监督权，彼此成长乐悠悠。

九、发现

估计任何一位家长都碰到过孩子做某些事情不在状态的情形，

只是所做的事情不尽相同、不在状态的表现程度不同而已。因此，在面对这些情况的时候，家长到底应该怎么做，还是有认真、深入探讨的必要和价值的。

笔者在日常的观察和实践中发现，很多家长针对孩子做事不在状态的情况，较为常见的反应及处理方式是：

——漠视并无感。即当作没有看见，并且一点都不在乎。

——提醒并建议。即比较温和地指出孩子哪些表现说明他不在状态，并提出一些建议。

——责备并要求。即带着不满情绪责怪孩子，同时向孩子提出更高的要求。

——生气并扩展。即很不高兴、表情严肃地对孩子进行指责，并蔓延到孩子做的其他事情上，甚至会口不择言："你就是这样，做什么事情都马马虎虎，一点都不用心……"

当我们事后冷静下来，恐怕也能够反思发现，以上四种反应与处理方式都不见得合适或者有效。因为深入探寻下去，就能发现这些做法不同程度地偏离了目标和方向，甚至是一种错误的做法——仅仅针对结果用力，并没有去寻找背后的原因，从这个角度，都有值得商榷的地方。

我们知道，当我们想对某些事实或者现象做出改善或者调整的时候，如果仅仅停留在这样的层面：采取某些强制的、直接针对这一事实或者现象的手段试图阻止事情的发生、消灭或者改变某种现象是不够的。因为从因果关系的思维来看，任何事情出现某种结果或者呈现某种状态都一定有原因，甚至是多方面的原因，即便我们"对症（即可见的事实或者现象）下药"，呈现出某种正向效果，也只是表面的、暂时的，不但很容易反弹，甚至还可能把事情弄得更加糟糕，"偷鸡不成蚀把米"。

如果这一思考过程成立，针对孩子做某些事情不在状态的情况，家长恐怕最应该做的不是立即做出言行上的反应，而是要先问自己一个问题：孩子今天（或者这个时候）为什么不在状态呢？

　　所以，我们有必要先了解一下什么是状态。百度百科的词条解释是，"（科学名词）人或事物表现出来的形态"。如果仅仅以人（本文专指孩子）作为主体对象来考察，我们可能会迷茫了：什么是"人表现出来的形态"？具体是指言语、行为、举止动作还是面部表情？到底有什么样的标准或者可以用什么样的标准来确定"形态"的"在"与"不在"？凭什么你就判断说孩子"不在状态"？具体的哪一点可见的表现能够被认定为"不在状态"？或者你的"状态"与孩子的"状态"本就不在同一范畴呢？……估计很多家长看到这里已经开始抓狂了——不要跟我"胡搅蛮缠"，反正就是"不在状态"——问题在于，只有家长才有权对"状态"做出唯一的认定与裁决吗？

　　先搁下对上述这些问题的纠缠，与读者分享发生在我自己孩子身上的一个故事：

　　我们家孩子也在学习钢琴，为了更好地培养他的习惯，我们与他做了一份口头约定：每天早上起床洗漱完毕之后，坚持练琴20分钟左右，再出门上学。

　　应该说，在绝大部分情况下，他都能够坚持，并且相对自觉，或者说并没有出现任何厌倦的状况。只是并不是每次都能呈现非常好的状态（指他自己和家长都满意）。一般情况下，我们都会在他练习完之后在上学的途中，与他简单交流一下刚才练琴的总体感觉——我们坚持认为，对于孩子来说，和他一起分析并分享做一些事情过程中的总体感受，比单方面向他提出某些要求，孩子更能够接受。

即便如此，在某一天的早晨，还是出现了这样的一个场景：

孩子依照约定的惯例开始练习，但是似乎没有呈现出良好的状态。他练了一会儿那些不太熟悉的段落之后，停了下来，愣愣地坐着……

这个时候，妈妈看见了，着急地说："怎么不练了？一点都不在状态……叫你要认真一点……"孩子只好嘟囔着重新又练了起来。可是过了一会儿，又停了下来……这下好了，妈妈更着急了，"××（孩子的名字），你到底想不想练了？……不想练就上学去……"于是，孩子只好有点惶恐地离开钢琴，背起书包去上学……

在送孩子上学的路上，我尝试着跟他沟通刚才这件事情：

"儿子，刚才练琴的时候，妈妈说你不在状态，好像弄得心里不太舒服？"

"嗯……"

"不过我好像也感觉你今天的状态不太好，相信你也对今天的状态不太满意，对吗？"

"嗯……是不满意……"

"但是，我猜你最后其实还打算再弹一会儿，也想找到更好的感觉，只是因为妈妈这样说，你就没有练下去，对吗？"

"嗯……我是打算再练一会儿，但妈妈都这样说了，我就更找不到感觉了……"

"明白。所以，其实妈妈说你不在状态还是猜对了，你自己也有这种不在状态的感觉，不是吗？只是妈妈有点着急，想让你的状态好一点。不过，儿子，你知道吗？做很多事情，其实都要自己去琢磨、体会那种投入其中的感觉，才会有比较好的状态……"

正想以自己写东西时的感受与他再说点什么的时候，他接过话头说：

"对呀！老爸你知道吗？前两天我在琴行练习架子鼓的时候，感觉就很好，浑身都是劲儿……"

"嗯！儿子，你发现没有，当你投入进去做一件事情的时候就会感觉很爽，是不是？"

"那当然！"

"同时，你也会发现，其实这种很好的感觉，别人是很难给你的，也不是别人要求你以后就能马上做得到的，对吗？"

"就是……"

"所以，你要学会去体会状态很好的时候是一种什么样的感觉，这样才能比较快地让自己进入真正比较好的状态，对吗？比如练琴，是爸妈要求你要练好比较容易找到感觉，还是你自己想练好比较容易找到感觉？比如你说那天打架子鼓很有感觉，应该也是你自己想练好吧？"

"那必须的呀！"

……

相信很多家长看到这里，会有自己的一些判断和想法。

至少我会愿意相信，当家长发现孩子做一些事情不在状态的时候，其实，孩子自己也会有同样的感觉，并且我更愿意相信的是，孩子也在试图调整。只是有些时候，要在非常短的时间里就调整到一个很棒的状态，的确非常困难——家长难道做所有的事情，都能够迅速进入一个非常美妙的状态吗？

所以，我更倾向于和孩子一起来探讨、分享那种好的状态到底是怎么进入或者说怎么会有了那种状态的。因为我们知道，影响我们做某件事情的状态的原因是很复杂的，有内在心理认知和当下情绪的因素，包括自身对所做事情的看法及对结果的期盼水平，旁人对该事情的看法和要求，以及更大范围的，社会对该事情的看法和评价等……也有当下身体状况，以及其他外部干扰的因素。

总之，"状态"这玩意并不是一只温顺的绵羊，更像是一匹小马驹——除非经由长期的训练，否则，除非你生生地把一匹生龙活虎的小马驹变成一只小绵羊，成人如此，更何况小孩呢？

一句话，当我们试图去改变那些不在状态的情形时，与其想方设法消灭，不如多去滋养那些曾经的好的状态，就像一味着急去铲除杂草，不如撒下更多自己寄予希望的种子，待鲜花盛开、枝繁叶茂之时，即便还有杂草，也是一种点缀！

所以，当家长期待孩子在某些方面进行改善和提高的时候，需要先帮助孩子发现那些起关键作用的节点。

总的来说可以从以下几点入手：

（1）在事实层面上与孩子进行确认，让孩子自己认识到不足或者需要改善的地方。

（2）相信孩子具备向好的意愿和潜力。

（3）建构一些场景，唤醒孩子在其他事情上有着良好表现的记忆。

（4）鼓励孩子尝试，并肯定孩子做出的努力。

家长要相信：

如有差距须正视，确认事实忌着急；
建构场景来交流，良好表现留记忆；
唤醒记忆靠询问，找到关键才有益；
如是耐心加鼓励，逐步改善定可期。

十、沟　通

如果人们愿意统计一下日常交流中的十大高频词,估计沟通这个词一定名列榜单——虽然不见得人人都说沟通,但至少没有人会否定沟通的价值!可是,如果放在孩子成长教育这一特定领域,相信很多家长眼里的沟通也仅仅是说话而已。因为很多家长实际上只是对着孩子发号施令,或者竭尽所能地证明自己的正确性,或者对孩子进行各种各样的评价和判断……不一而足,唯一没有沟通最基础、最原本的目标:达成共识。

从这个角度看,或许是因为家长有意无意间将沟通定义为:通过逻辑推导的手段和方法,证明某一观点、原理或者某一思路、方法,在逻辑体系内容的合理性和正确性。可问题的核心在于,如果我们认同沟通的价值和作用在于让对话的双方达成某种共识,很显然,除了逻辑本身的维度,还有情绪、情感及视角等因素的问题。

所以,有必要借由一些实践场景,进一步分析、解剖家长与孩子之间的所谓沟通到底存在哪些问题,有哪些地方还有不断改善的空间。

为此,笔者曾经专门撰写过系列文章,现转录如下,期待能够对家长有些借鉴和参考的价值:

与孩子沟通的障碍之一:为长者尊

关于家长与孩子如何沟通的问题,各路专家已经提供过无数的方法与技巧。加上现在的移动互联网时代,获取这些方法与技巧的渠道也是唾手可得。按照理想的推断，应该能够帮助很多家长在与孩子沟通的问题上得到积极的改善。可是，仍然有许多家长因为与孩子沟通的种种障碍，而产生无尽的焦虑和无奈。

在我的观察看来，并不是这些方法与技巧本身存在多大的缺陷与漏洞，而是很多家长在运用这些方法与技巧的时候，恐怕自己也没有意识到，一些已经固化成潜意识的观念，在刚刚开始的时候就已经对后面的沟通产生了巨大的障碍。为此，我想换一个角度，不去深究纷繁复杂的沟通技巧与方法，先跟大家聊聊到底有哪些根深蒂固的观念在影响着家长与孩子的沟通。

第一个沟通障碍就是：为长者尊。

坦率地讲，单从字面上看，为长者尊，并没有太多值得置喙的歧义。或者从社会的全局来看，甚至还有相当积极的意义与价值。但是，如果具体到与孩子沟通的场景和语境中，恐怕还是有值得商榷的地方。

先看这样一件事情。一位妈妈在现场观看孩子参与的一个舞蹈节目排练，排练结束之后，关于舞蹈节目的交流就应该是一个特别好的沟通话题。应该说，这位妈妈似乎也知道这是一个很好的契机。于是，沟通对话开始了：

"××，妈妈看你们今天的排练还挺有意思的。我发现你们的节目中还有东北扭秧歌的动作。"

"啊？没有呀！"

"怎么没有？你们那组动作就是扭秧歌的！"

"不是，那是矮子步！"

"我说的是前面那组……"

"前面哪一组？没有呀？"

"就是那组摆手又扭腰的，不是扭秧歌的动作吗？"

"不是的！我们又没有走十字步！"

"怎么不是？我看就是扭秧歌的动作！"

"……"

一场本该特别有意思的沟通对话，就这样戛然而止。作为身在其中的旁观者，我忍不住插了一句话："如果我们并不专业，其实没有必要在这样一个需要专业支撑的问题上纠缠。"但是，我可以明确地感觉到，我表述的建议并没有让妈妈接受，甚至还让妈妈有点生气了。

这件事情过去之后，我开始思考，为什么一次非常善意、愿望非常美好的沟通会进行不下去呢？再仔细分析上面的对话过程，我们会发现，当妈妈的判断并没有得到孩子的认同，甚至干脆指出妈妈的判断有明显专业上的漏洞时，事实上就已经在妈妈根深蒂固的观念上触礁了——可能妈妈本人并没有意识到，但很显然，就沟通的结果看，孩子的反应已经让作为长者的妈妈有些难堪了。因为孩子关注的重点在于事实，而妈妈关注的是自己的判断是否正确。在这里，我也无法对妈妈的判断做出正确与否的裁决，但是，我能够看到，同时也感受到的是，在妈妈心中"为长者尊"的意识遭受到了直接的挑战。所以，对话无法继续下去。

其实，这仅仅是"为长者尊"的意识，在家长与孩子的沟通过程中非常常见的一种表现，但这种表现却经常出现在其他话题的沟通上。

很多时候，父母之所以不太容易接受孩子（尤其在小学阶段的孩子）对自己的判断进行否定，一方面是因为不相信孩子会比自己懂得更多；另一方面是因为这种否定对家长的权威是直接的挑战。但问题的核心在于，即便孩子表面臣服了家长的权威，难道家长就真的可以在孩子面前树立权威吗？至少我不这样认为。尤其在当今互联网高度发达的时代，孩子接受各种信息（或者称之为知识）的渠道无处不在，加上孩子正处在好奇心和求知欲极度旺盛的时期，很多时候，孩子知晓或者关注的领域已经远远超出了家长的经验范围。除非在家长自身专业的领域之内，否则，孩子真的会比家长懂得更多。所以，在这种情形下，家长并不见得需要在自己并不专业的领域中做出一些非常决然的判断，何况这些判断常常会遭遇到孩子的质疑与否定。要做到这一点，对于家长来说，首先就应该调整，甚至放弃"为长者尊"的观念和意识。或许，能够帮助自己排除一些与孩子沟通的障碍。

留心的家长一定听到过这样的建议：与孩子沟通时，需要与孩子建立一种平等的关系，才可能达成彼此愉快而良好的沟通。可是，平等关系到底是一个什么样的状态呢？可能不仅仅是表面的态度和语言，更重要的是内心的意识。

与孩子沟通的障碍之二：预设话题

我从来不怀疑绝大部分家长有与孩子沟通的意愿。但是和做任何事情一样，即便意愿再强烈，如果不考虑其他相关因素，恐怕事情最终也不见得会有预期的效果。跟孩子的沟通亦复如是。

比如你的沟通意愿向孩子有效传递了吗？

比如你选择的沟通时机合适吗？

比如你真正了解孩子的诉求吗？

比如你想通过沟通达到什么目的？而且这个目的是否只是家长的一厢情愿？……

以上种种因素恐怕都会在不同程度上影响沟通的效果。

而从我观察到的身边的一些案例来看，家长单方面预设话题，是造成与孩子沟通产生障碍的重要因素之一。

先说说为什么有些家长会单方面预设与孩子沟通的话题。也许家长朋友会说，我已经发现了孩子在某些方面存在一些问题，或者担心孩子在某些方面会出问题，于是，围绕这样一些指向进行沟通难道有错吗？这里，我并不想简单地判断对与错，只是想再追问一下，作为家长，是否考虑过这样一些可能：

你发现的问题和孩子心中所定义的问题是否已经在同一个层面或者同一个方向上？

即便是，那问题的严重性和孩子认知到的严重性是否比较接近？

你所谓的担心，是否存在过分的焦虑？是否有类似惊弓之鸟的情绪？

你担心的具体指向在哪里？你的担心背后是否存在某些对孩子的怀疑与不信任？

你的担心是因为孩子年龄的因素还是因为孩子能力的因素？假定是能力的因素，具体是哪些方面的能力？这些能力能否在短时间习得？

诸如此类的问题，估计很多家长并没有意识到，或者干脆就不认为这些问题有考虑的必要性，甚至有的家长还可能更加直接、蛮横地认为，孩子小，怎么可能懂那么多？

即便孩子目前的确懂得或者知道的东西不多，或者叫作没有家长懂得多，但是，这样的想法背后，隐藏着更加糟糕的潜在意思，那就是对孩子的不尊重与不信任，而且我敢确保，绝大部分孩子都能够很敏感地觉察到，只是他（她）并没有足够的力量进行抵抗而已。所以，最终的结果就是，也许他（她）表面上正在与你沟通、交流，但心思根本就不在这上面——所谓的沟通、交流必须是双向互动的，一方的心思都不在沟通上面，怎么可能会有好的效果呢？

所以，就本人的经验而言，我更主张与孩子沟通的话题由孩子来提出或者主导。

就说这个暑假不到一个月的零星时间里（我大部分时间还是出差）与儿子的交流吧。粗略算算，我们爷俩聊过的话题竟然如此广泛，包括他听评书时接触到的历史；包括他所学的兴趣特长；包括体育项目（主要是武术、篮球）；包括电影、相声、小品、脱口秀、音乐、电视综艺节目及相关的演艺明星；包括汽车品牌、军事武器；包括暑假后期出游计划；包括适应能力、组织能力；包括医生和教师的职业；包括热门新闻事件；包括老虎、狮子、大象、狗之类的动物话题；包括趣味数学；包括同学之间起绰号的趣事；甚至还包括我在外面出差上课的一些问题……

有时，我也会感到惊讶，为什么孩子会愿意跟我聊如此多的话题，但细细一想，原因其实非常简单，这些话题都是由他提出并且主导的。更重要的是，在所有的交流过程中，我除了认真倾听，适时做出积极回应之外，做得最多的就是注意到一些关键词，然后形成问题，引导他进一步思考回答。

比如在他聊到综艺节目的时候，提到"音效"和"音色"两个词，我就会追问他，什么叫音效？什么叫音色？

比如在聊到他姐姐准备回国度假，担心会不适应国内天气气候的时候，我就会问他，为什么会不适应？如果不适应该怎么办？适应一个环境会受哪些因素影响？

比如在他聊到某一明星有很多绝活的时候，我就会问他，为什么人家能够有那么多的绝活？除了天赋外，练就一身绝活最重要的因素是什么？

这些问题的提出，激发了他进一步沟通交流的欲望和意愿！最美妙的情形就是，孩子会越来越愿意跟家长交流，而家长恰恰可以在这个没有障碍的、完全放松的交流氛围中，对孩子进行一些必要的纠偏和引导！

最后，我还想补充的是，孩子是否愿意与家长进行更多的交流和沟通，最关键的是，我们是否能够真正尊重孩子，并且将这种尊重的信息有效地释放给孩子，也让孩子能够真切感受到来自家长的尊重。而避免预设话题，至少是尊重孩子的重要表现方式之一。

与孩子沟通的障碍之三：回避尴尬

前面分别提到"为长者尊"和"预设话题"，与此一脉相承的另一个沟通障碍就是：回避尴尬。

先说说尴尬这个词。网络上对该词条的解释，是指"人遇到的一种处境，让人感觉很难为情，无所适从"。包括如下义项：处于两难境地，不好处理；神色、态度不自然的；鬼鬼祟祟，不正派；窘迫的。

依照上述解释，假若放在一般的人际关系互动情境中（比如同事之间、同学之间、合作伙伴之间等），相信绝大多数人都会出于本能地避免尴尬场景的出现。那为什么在家长与孩子的沟通互动中，回避尴尬是一种障碍呢？

我们知道，每一个孩子的成长都伴随着对未知领域的探索过程。其中，探索的最常见手段与表现，就是通过持续不断的提问来获取其想了解的事物或者事情，以满足心中的好奇或者求知欲望。作为家长，不但有责任和义务回应（注意，这里的回应包含两层意思：一是提供具体的答案；二是提供某种解决问题的思路），而且必定是孩子最期待做出正向反馈的提问对象。所以，绝大部分家长都曾经或者正在经受孩子层出不穷的问题的"纠缠"。

在此，先不讨论有些家长对孩子提问的不耐烦情绪与态度（这种情形的出现，别说障碍，连基本沟通都无法启动），单就很多家长即便有与孩子沟通的积极意愿，也会因为无意或者刻意回避孩子的一些尴尬问题而引发的沟通障碍进行探讨。

一般而言，孩子的以下几类问题，会不同程度地让家长觉得尴尬：

一是关于性和性别生理特点的问题；

二是关于家长的错误言行的问题；

三是关于老师的错误言行的问题；

四是关于父母或者长辈之间矛盾的问题；

五是关于网络暴力、情色的问题。

通过对上述问题类型的区隔，我们会发现，除了第五类问题之外，前面四类问题之所以会让父母感到尴尬，一方面是因为很多父母受根深蒂固的传统思维观念的影响，认为作为长辈的父母或者老师都必须毫无条件地树立所谓的权威。一旦直面这些问题，有可能会影响孩子对家长或者老师的认知形象。这样的考量和担忧，如果是在还没有互联网之前的封闭型社会，也许还勉强说得过去。但是，放在当今这个时代，互联网已经全方位、深度渗透到了社会、生活的方方面面，依然抱有这种观念，恐怕和掩耳盗铃并无二致，只能徒增笑料。如此一来，家长原本希望树立的、在孩子心目中的所谓权威形象，可能连纸糊的都不如！再说了，真正的权威并不能依赖固守一己之见而获得。

另一方面，也有很多家长从心底就顽固地认定孩子还小，很多事情根本不懂、更没有必要懂，从而采取回避的办法。所以，碰到孩子询问上述类似问题的时候，很多家长最常见的反应是"大人的事情，小孩不要管""怎么会问这样的问题""这种问题有意思吗""功课不好好学，尽问一些乱七八糟的问题""看看××，哪会像你这样""好好听话！怎么能这样说你的老师呢""还不是因为你不听话"……更有甚者，明明是自己的错误，很多家长仍然强词夺理，更别指望他能够向孩子表示歉意了！

试想，如果孩子的问题最终引发的是家长的这种反应，沟通还能继续下去吗？更糟糕的是，只要有过这样类似的经验之后，孩子与家长的沟通、交流意愿就会受到严重的挫伤，最后的结果就是，孩子对家长"无话可说"！

俗话说："解铃还须系铃人。"如果家长真心想消除或者减少与孩子沟通的障碍，还得从自身做起——坦然地接受孩子的问题并给予诚实的回应。

比如关于性和性别生理特点一类的问题，可以很正式并且运用专业知识向孩子做出解释和说明。

比如涉及家长或者老师的错误言行的问题，在确认事实之后，真诚地向孩子表示歉意，或者正式道歉。

比如涉及家长和长辈之间矛盾的问题，直接告诉孩子矛盾产生的原因，并对自己的不当言行做出反思。

比如涉及暴力、色情的问题，可以很严肃地告诉孩子你的态度和看法，并对孩子分析这些事情可能产生的严重后果。也许孩子会因为年龄、知识结构、视野等因素的影响，并不能完全理解或者明白你的回应。真正重要的是，孩子能够因为家长坦然接受、正面回应的态度，得到积极、肯定的正向信息，从而能够保持甚至强化与家长交流、沟通的意愿。

最后，还想啰唆几句。如果我们愿意追溯下去就会发现，之所以有些事情或者问题会让人感到尴尬，其实，本质上并不是事情或者问题本身有什么，而是面对这些问题和事情的人，或者因为内心的惶恐和自卑，或者因为那该死的面子而心里作祟而已。

与孩子沟通的障碍之四：急于判断

先来看一则故事：

美国知名主持人林克莱特一天访问一名小朋友，问他："你长大后想要当什么呀？"

小朋友天真地回答："嗯……我要当飞机的驾驶员！"

林克莱特接着问："如果有一天，你的飞机飞到太平洋上空，所有引擎都熄火了，你会怎么办？"

小朋友想了想说："我会先告诉坐在飞机上的人绑好安全带，然后我挂上我的降落伞跳出去。"

现场的观众笑得东倒西歪，林克莱特继续注视这个孩子，想看他是不是自作聪明的家伙。没想到，孩子的两行热泪夺眶而出，林克莱特这才发觉，这个孩子的悲悯之情远非笔墨所能形容。

于是林克莱特问他："为什么要这么做？"

小朋友的答案透露出孩子真挚的想法："我要去拿燃料，我还要回来！我还要回来！"

虽然这仅仅是一个故事，甚至是否真实发生过也不得而知。但是，我更愿意相信的是，假如有些家长也在这个故事的现场，作为观众，恐怕只会表现得更加过分。因为在真实的生活场景中，大部分家长都不可能像现场观众那么悠闲——因为太多繁杂琐事，足以让家长"更加没有时间"等待，听完孩子后面的真实想法（即便这种想法依然天真、幼稚）。糟糕的是，在真实的生活场景中，如果孩子的第一次回应得到的是家长这种"夸张的嘲笑"的反馈，家长也根本不可能听到孩子第二次表露内心的真实想法！如此境况下，沟通怎么还能进行下去呢？

这也让我回想起，自己的女儿刚上小学一年级时发生的一幕：

孩子进入小学一小段时间以后，我照例想了解一下孩子的感受。但是，话题打开之后，说起老师、同学之间的一些事情，实在是琐碎、啰唆，于是，在她兴致勃勃、眉飞色舞地讲述过程中，我好不容易逮住一个空隙，然后有点漠然地回应了一句，"嗯，爸爸知道了"。让我感到惊讶的是，刚刚还因为学校一些新鲜事情而兴奋的女儿，立即把话停住了。

坦率地讲，就当时而言，我并未把这件事情放在心上，至少我没有意识到自己的回应有不妥当的地方。毕竟自己就是从小学、中学这么一路走过来的，所谓"太阳底下无新事"。应该说，女儿讲述的这些事情我也的确"知道"！所以，并不认为回应一句"爸爸知道了"有多大的问题。

直到一段时间之后，再次问到她在学校的情况时，她稍显不满地回应了一句："爸爸，你不是都知道了吗？"我才意识到事情有点严重。于是，赶快向女儿做出了诚恳的道歉。然后，继续鼓励她，才让她最终打开了话匣子……值得欣慰和骄傲的是，自从这件事情之后，我再也没有在与孩子聊天的时候轻易打断孩子的表述，并且不断提醒自己，在孩子还没有完全表述清楚全部意思的时候，一定不对孩子提供的部分信息进行过早的判断。所以，才有了以后与孩子几乎没有任何障碍的交流与沟通。

接下来，我们简单分析一下很多家长在与孩子沟通的时候，为什么会急于对孩子提供的不完全信息进行判断，最后导致沟通继续不下去。我不认为家长非常忙碌是一个站得住脚的充分理由。除了"没有时间"可以作为部分借口之外，我更倾向于以下几点才是触发家长急于判断的真正原因：

一是很多家长因为拥有比孩子多很多的社会生活经验，所以，很容易进入一种先验认知，总认为基于孩子在沟通过程中提供的不完整信息，足以让其做出正确的判断。的确有这种可能，但更关键的是，孩子眼中的世界是否真正与家长眼中的世界同频。在这一点上，无需赘述就可以肯定地说，不太可能同频。既然如此，怎么可能保证来自家长经验世界的判断就一定准确呢？

二是有些家长本身的认知水平和经验范畴极其有限（当然，任何一位家长都有类似的困惑，只是程度不同而已），一旦在与孩子沟通的过程中，孩子提供的某些信息或者某些问题超出了家长的认知水平，或者在家长的经验范畴之外，为了保住家长自己的一点可怜的面子，家长往往会赶快结束话题。其实，就本人的经验而言，我更主张，碰到这种情形，家长可以转换自己的角色，变成学习者，虚心向孩子请教。不是有"三人行，必有我师"的古训吗？再说了，韩愈先生在《师说》中早就明确论述过："……是故弟子不必不如师，师不必贤于弟子，闻道有先后，术业有专攻，如是而已。"就个人体会，我敢确认，孩子不会因此而"看轻"家长，甚至更美妙的是，还能在孩子心中树立更加正面的形象。

三是有些家长从来就不会、也不善于对孩子提供的信息进行积极地反馈，以确认自己对孩子要表达的意思的理解是否准确。我们知道，绝大部分情况下，表述出来的语言本身并不一定能够与心中的本意完全匹配。从理论上来说，这是另外一些学科门类需要研究和探索的问题。我们只需要问问自己，是否能够做到将自己的意思通过语言一次性完全无误地表述清楚？除此之外，听话的一方，还有可能夹杂一些自己的主观认知和情绪，对信息进行解读。如此一来，信息经过一次又一次的减损，最后失真了，又怎么能够保证在这种信息基础上做出的判断是准确的呢？

除了上述三个主要因素之外，造成家长过早或者急于判断而影响与孩子沟通效果的其他因素，也是家长需要注意的，包括沟通的场合与时机、沟通双方当下的情绪状态、氛围与话题之间是否匹配，甚至身体状况等，都可能会有不同程度的干扰与影响。当然，这一切的背后还有一个更为关键的点，那就是家长对孩子的成长是否真正抱有足够的耐心，毕竟"十年树木，百年树人"！

与孩子沟通的障碍之五：过度干预

有一部名叫《产科男医生》的电视剧，我不知道剧中出现的场景在现实生活中是否真实出现过，但依照"艺术来源于生活又高于生活"的说法，我愿意相信，类似的事情一定在现实生活中不断上演，最多只是程度不同而已。其中，两个关于医生董思贤和他妈妈（剧中既是养母，又是岳母的关系）互动的场景镜头，不禁让我想起身边真实发生的一些事情。

剧中人物董思贤医生，可以算得上是"德艺双馨"的好医生，并且还亲自主刀，非常漂亮地完成了一次罕见的病例手术，获得了业界的高度肯定与赞赏。可能是出于"母以子贵"的心理，董思贤医生的妈妈也少不了在左邻右舍中炫耀。有一次，碍于情面，专门陪同邻居婆媳俩直接到医院找到董医生，要求他给邻居的媳妇注射碳酸氢钠，以提高其身体的碱性程度，便于怀上男孩……当然，剧中的董医生最后还是以科学的态度、严谨的医德拒绝了这种要求。围绕董医生还有一条故事线索就是，他结婚多年没有孩子，被他妈妈怀疑身体有问题。于是，抱子心切的妈妈就煞费苦心地为他熬了一罐又一罐的滋补大汤，并且要求董医生按时、按量坚持服用。最狗血的一幕是，一次他因为值班没有空回家喝汤，他妈妈竟然亲自把汤送到医院，要求董医生在众多同事面前把汤喝完……

看到这样的镜头场景，让我不禁想起前些日子，我的一个晚辈亲戚告诉我，她妈妈嫌她的收入低，竟然亲自打电话给她的上司，要求给她的女儿加薪水……在上述三个场景中，虽然当事人都是已经具有完全独立民事权利的成年人了，但我依然能感受到，他们在工作和生活被长辈（父母）过度干预之后的那种极度无奈的无力感！

我没有做过统计学意义上的调查，不知道这种家长过度干预孩子生活或者工作的类似事情，在社会上到底是什么程度。但是，从经常听到的逼婚一类的新闻报道来看，可以肯定不仅仅是一些个例。难怪总是听到一些父母的感慨与抱怨："现在的孩子简直没法沟通""真不知道他们在想什么""真是一代不如一代"……我不想把话题扯远了，单就文中提到的情形而言，我估计更应该反思的是长辈（家长）自身。试想，一个成年人面对家长这种过度干预的行为时都手足无措，如果是一个尚未成年的孩子呢？他（她）除了无语之外，还能怎么办？正所谓，"打不赢，我躲还不行吗？"

所以，我会认为家长对孩子工作、学习和生活的"过度干预"行为，是造成与孩子（无论已经成年还是尚未成年，本文重点想说的对象是尚未成年的孩子）沟通的重要障碍之一。

老实说，在孩子尚未成年的时候，作为家长当然拥有教育、引导孩子的权利，其实，这也是家长应尽的责任与义务。问题在于，无论从学理还是现实的角度，孩子并不应该是家长的"私人物品"，只能接受家长的任意处置！即便是处置私人物品，有的时候还需要履行一定的程序，何况孩子是一个有自己思想、看法的活生生的人呢？

那么，哪些情形属于家长对孩子的过度干预行为呢？

比如在生活上，为孩子置办相关的生活用品，估计很多家长就从来不认为征求孩子的意见和喜好是必要的（事实上，这样的过程恰恰是在培养孩子的责任意识，将在以后的文章中做专门的讨论）。更糟糕的是，哪怕孩子在合理费用预算之内的一些选择（比如玩具、衣服、鞋帽等），只要不是家长所认同的，往往会遭到专横的拒绝！更不要说有些家长进孩子房间从来不敲门……

比如在学习上的一些兴趣爱好，很多家长俨然以"过来人"的良好感觉自居，往往以特别现实、功利的角度作为孩子的选择依据，若孩子与家长的选择有矛盾，基本上也以家长"大获全胜"而告终。但是，后遗症就是，孩子的学习状态和学习热情都极为糟糕（这里，不否认有些家长通过耐心的沟通，最后赢得了孩子的认同）。还有不经孩子同意就翻看孩子的日记、作文、书包，不一而足。

比如在孩子结交朋友的问题上，不说那些豆蔻年华、青春萌动的孩子，仅仅因为对某位异性稍有好感，很多父母就如临大敌，不问青红皂白，给孩子扣上"早恋"的大帽子而横加指责。哪怕是在孩子少不更事，仅仅是因为彼此能够谈得来而成为好朋友的时候，有些家长也会因为对方不符合自己心中的标准而加以干预……

总之，无论生活还是学习，无论兴趣爱好还是交朋结友，家长似乎都有足够充分的理由对孩子的选择进行干预，而且是过度干预——我从来不反对，甚至是强烈呼吁家长要参与孩子的成长过程。但是，参与不等于过度干预，过度干预就有粗暴干涉之嫌了。参与是什么呢？参与是尊重孩子和他的选择，如果的确发现有偏离的迹象，也应该通过交流了解孩子选择背后的真正原因，绝不应该不问理由，不明就里就断然否定，继而粗暴干涉。

最后，打一个不恰当的比方，如果想让一株小树苗长成一棵能够独立经受风雨的大树，除了松土、施肥、浇灌之外，适当地修剪的确可以让其长得更快、更好。但是，如果我们只是一味追求自己所设定的样子，一棵本来可以长得更高、更壮、枝繁叶茂的大树，恐怕最后也只能成为一株盆栽了！当然，盆栽也许能够让你心生欢喜，可是那棵本来想长得更好的树呢？

古话说得好："儿孙自有儿孙福。"让孩子真正幸福，相信是每一位家长的心愿。至于是否达成这份心愿，除了会受到其他许多因素的影响外，我觉得家长少一些对孩子的过度干预行为，还是相当必要的。

与孩子沟通的障碍之六：苦情泛滥

在很多的家庭剧中，我们常常能够看到这样的桥段：当孩子与父母在某些事情的看法或者做法上有矛盾或者冲突，并且最终孩子没有依照父母的要求和期望去做某件事情的时候，父母就会拿出撒手锏来——一边数落，一边忧伤地哀怨，"想当初一把屎一把尿把你拉扯大，如今……"每到这个时候，无论多么坚决的孩子，瞬间就会缴械投降。我不知道这样的场景在现实的生活中到底有多普遍，但是以苦情的方式来"解决"与孩子之间的矛盾，估计是很多家长屡试不爽的手段。

先说一个我亲耳听到的例子：

一位在某央企地市分公司任职中层干部的学员，在课间找到我，要我给他一些工作和生活上的建议。我有点诧异："你现在不是挺好的吗？"

他苦笑着回应我说："那都是装出来的。"之后，不无沮丧地感叹目前的工作和生活状态都一团糟：工作上，因为基本抵达了职业的天花板，想想自己才三十出头，就要像现在这样浑浑噩噩地熬到退休；这种工作上的无法上进，又常常遭到父母和妻子的埋怨和唠叨……到底应该怎么办？

看着他一脸迷茫的样子，说实在的，我也没有真正有效的招数帮助他解决这样的困局。所以，只好选择了一种相对消极的方式——做一个纯粹的倾听者，或许对方通过倾诉可以厘清一些东西。最后，我明确地告诉他，造成当下这种状态的真正原因应该追溯到他大学毕业的时候。

当初，他从一个小城市考取了省城的一所重点大学，学习酒店管理专业。在大四实习的时候，因为专业成绩优秀，被派遣到省城一家涉外五星级酒店，跟随大堂经理实习。半年下来，酒店方认为他在实习期间的各项工作表现都非常出色，特意挽留他，并且承诺在未来两三年内可以争取公派到瑞士洛桑酒店管理学院进修。

于是他非常高兴地告诉父母，但是，让他意想不到的是，在家乡那个小城市的父母因着"坚实"的人际关系，早就为他落实了一份工作——就是现在所在的那家央企的地市分公司。他说，当时真的不想回到家乡，更不想去父母给他安排好的那家企业，所以多次、反复地与父母进行沟通，试图让父母能够支持他留在省城，留在那家实习过的五星级酒店工作。

但是，父母坚决不同意，最后他听从了父母的安排。除了国企稳定之类的理由，真正让他屈服的是，父母说："含辛茹苦十几年把你拉扯大，供你上完大学，竟然就想把父母扔下不管，一个人去省城，不说让父母放心不下，更是对父母的不孝……"

在叙述完这些陈年旧事之后，这位学员深深地叹了一口气，问我："如果当初一意孤行地留在省城，是不是真的就是不孝？但是，假如当初真的不顾父母反对留下来，估计自己现在正是事业的上升期，或许还可以把父母接到省城来，过上更加富足的生活？……"当他说出这样一连串反问的时候，我不知道也不便去揣测他心中是否对当初的选择有所后悔，只能无关痛痒地安抚他几句——毕竟"每个人的选择只能由他自己去承担"！

之所以如此冗长地记述这个例子，是因为在这位学员身上发生的情形，仍然在很多孩子身上再现——一个已经成年的孩子都会在父母这份苦情面前败下阵来，估计尚未成年的孩子面对父母的苦情更是手足无措了——如此，又遑论沟通呢？

比如当孩子在学习上不太用功的时候，父母是否真的仔细探寻过背后的原因呢？难道一味强调自己抚养他的艰辛过程就能够让他用功起来？难道孩子的用功仅仅是因为要回报父母养育的辛苦？

比如当孩子的某些兴趣爱好并不是父母所期待的，是不是有些父母会有所不悦？甚至反复诉说，当初爸妈就因为没有学好这个或者没有学好那个而错失了很多的机会，如今追悔莫及。

……

我并不反对在合适的时候让孩子知道父母所付出的心血，也许有些孩子会因为念及父母的辛劳而发奋努力。但是，当与孩子的交流、沟通产生某些分歧或者矛盾的时候，把自己的辛苦演绎成一份苦情，然后当成使孩子就范的一个"撒手锏"，估计并不会有好的成果——不见得会有上述例子那么严重的后果，但终究不是一个可以产生良好效果的思路和方法。

前面就家长与孩子沟通过程中的常见障碍进行了一些解剖和分析。应该承认的是，沟通是一个无穷无尽的话题，没有人能够做得多么完美，真正能做的恐怕只能是"不断精进"。

所以说：

> 沟通看似很简单，因为人人离不开；
> 恰如日用太平常，既无警觉亦无改；
> 沟通模式三要素，听说问来不胡猜；
> 若把障碍认清楚，达成共识更明白。

小结：做孩子最好的老师

前面分别就家长在孩子成长教育过程中需要建立并不断践行的十大理念进行了深度的剖析，并提供了一些来自于实践体认的具体思路和方法，期待对读者有所启发和帮助。

笔者需要进一步强调的是，所谓"法无定法"，亦所谓"万法归宗"，意思是无论借鉴、参考什么样的思路与方法，家长都需要相信自己可以成为，也必定能够成为孩子成长过程中最好的老师——假如你愿意坚定如下几个信念：

（1）孩子身上流淌着自己的血脉，彼此之间有着天然的、无法切断的爱与责任——因为这份爱和责任，必然驱使你和孩子都能够对未来抱持极大的信心和勇气。

（2）孩子是上天恩赐给自己的一份礼物，一份在这个世界上独一无二的礼物——因为这份礼物的珍贵，必然成为你内心深处最绵密的温暖。

（3）孩子是帮助自己看见更为广阔而美丽的世界的一位天使——因为天使需要一对能够自由翱翔的翅膀，必然让你愿意为这对翅膀注入更加强大的能量。

我们知道，孩子成长是一个持续渐进的过程，并且在这长达二十年的过程中，孩子的心智也会随着生理、心理的不断发育发生变化。对于家长来说，的确是一个极为艰难而且需要耗费大量精力的挑战。

从家长的角度看，一定希望自己所耗费的精力和心血能够得到正向的回报——那就是孩子是身心健康的、快乐幸福的、学有所长的……最终能够为孩子在未来更长远的人生道路中奠定扎实的基础。

基于此，家长需要努力的是，如何做好孩子成长过程中所需要的那位最好的老师。或者可以从如下几个角度"思考－实践－改善"，如是循环。

（1）到底希望孩子最后成为一个什么样的人？为什么？

（2）如果要让孩子成长为自己期待的样子，到底需要具备哪些不可或缺的基础条件？通过哪些途径可以获得（取）这些基础条件？

（3）在帮助孩子达成那些基础条件的过程中，自己应该做些什么？能够做些什么？可以做些什么？

因为最好的老师不见得需要最渊博的知识，更不需要纷繁复杂的方法和工具，而是一颗充满爱和善意的心，凝聚成一束光，最终帮助孩子点燃内心那团永不熄灭的火焰！

正所谓：

师之所存赖于道，道不可道一束光；
照见未来与远方，脚下步履亦刚强。
家长为师是何故？爱和善意两相长；
以终为始来思考，实践改善定益彰。

第五章
十种常见情形的实践建议

一、无法经常在家，怎么办

有很多专家都发出过类似的呼吁：在孩子的成长过程中，无论从孩子的身心健康角度还是一些意志品质的养成角度，父母都应该尽可能多地陪伴在孩子身边，并且通过一些游戏、阅读、玩耍等深度参与的亲子活动，逐步帮助孩子建立健全的人格，引导孩子从小养成一些良好的行为习惯。

从纯粹理想的状态来看，这样的建议无疑是合适的，也极有道理。

问题在于，很多家长估计和我一样，面对这种建议都会有"身不由己"的无奈和遗憾——毕竟在当下这样一个"坚硬如冰"的社会现实面前，不说那些数以亿万计常年外出务工的家长，为了生计、为了孩子上学需要的开销而奔波劳作，根本无暇顾及对孩子的"陪伴"；即便是那些已经跨入中产行列的家长，恐怕也同样有过"栖栖惶惶"之感。

所以，很多家长谈及陪伴孩子成长这一话题的时候，往往都是以各种感慨开始，以手足无措结束。如果单从时间这一因素考量，这类问题的确会陷入无解的境地。

与此同时，我们不能无视的一些事实是：有些家长即便并没有太多时间陪在孩子身边，似乎也同样能够与孩子建立起亲密的关系，并且有效地引导孩子健康成长。

估计许多家长也和我一样，因为工作性质使然，需要经常出差而不能有更多的时间陪在孩子身边。为此，本人也曾经陷入深深的苦恼和无奈之中，甚至一度在孩子面前流露过歉疚感。本以为这份歉疚能够弥补一些东西，但活生生的事实却让自己陷入更深的"泥潭"。其实，年幼的孩子并不能够真切体会到你的"为难"，他可能更在意的是"你的确不在身边"！更糟糕的是，你的"歉疚感"恰恰为他的一些无理要求提供了"温柔的土壤"。当我发现这样下去极有可能进入一个恶性的死循环的时候，我开始做出了一些改变。让我意想不到的是，因为自身的调整，不但改善了原来那种因为遮遮掩掩而造成的不太好的家庭氛围，而且让孩子与自己有了另外一种方式的亲近感。

说起改变，大概包括以下具体的做法：

第一件事情是，找到机会与孩子交流，并且非常坦诚地告诉他，自己工作的性质和大致内容。

尤其是经常跟他分享自己在工作中的一些真切感受，既包括艰辛、劳累的部分，也包括取得成绩而高兴、欣喜的部分。原来以为这些东西孩子根本不懂，但事实上，只要我们愿意告诉孩子，即便他并不是真的很清楚你工作上的事情，至少他会慢慢相信，你作为家长是在努力工作。这样做的好处是，不但能得到孩子的理解，而且能够为孩子留下一个正向的、努力工作的形象，并且潜移默化地影响着孩子的学习态度。

第二件事情是，每次出差都清楚地告诉他自己的行程，包括出发及返回的时间，中间需要辗转哪些地方。

尤其是返回的时候，我都会尽量安排他可能空闲的时间抵达机场或者火车站，并且要求他和大人一同来接机或接站。长期坚持这样做，可以让孩子留下"他是家庭成员中非常重要的人""老爸很想他"之类的良好感受。

第三件事情是，坚持每天与他通电话。

至于电话的内容，我的做法是，基本不提他功课的事情，更多的是要求他分享一些开心的事情，包括是否得到老师的表扬，与小伙伴们嬉戏打闹时发生的趣事这样做的好处是，孩子会觉得你很在乎他、信任他。等这种信任建立起来之后，他的烦恼、他的心事也同样会愿意与你分享，这个时候，家长其实不见得需要向他提供什么具体的解决方法，一些简单的鼓励就足够了。

第四件事情是，回到家里的时候，尽量迁就孩子的时间，寻找一些交流的机会。

其中，就餐那段时间是本人特别珍惜的。在可能不到一个小时的时间里，只要引导得当，并且就他的话题表现出浓厚的兴趣，一定能够与孩子共同完成一次非常愉快的交流。

当然，除了以上四种已经形成模式的做法之外，还有一些零星的时间和机会，也同样可以跟孩子进行沟通。

其实，我想说的是，在陪伴孩子这件事情上，"心"的陪伴远比"身"的陪伴有更大的操作空间，而且也会更有价值、更有效果。

所以，当有一天，我故意提到自己因为出差没办法经常陪伴在他身边而有些不是滋味的时候，他竟然说："老爸，你的确和很多家长不一样，虽然你不是天天陪着我，但是你总是能够在关键时刻提供那些更有价值的东西!"

听到孩子这样的反馈,难道还需要为没有时间陪伴孩子而苦恼吗?没有了家长自寻烦恼的"歉疚感",一定会让自己和孩子更轻松!

有道是:

> 陪着孩子一起长,天下父母谁不想;
> 若能事身自然好,须知事心更重要!

二、如何引导孩子做改善

希望自己的孩子能够不断进步,乃至更加优秀,毫无疑问是每一位家长都念兹在兹的心愿。

即便家长能够放下心中不必要的焦虑,在耐心等待孩子成长的过程中,孩子仍然不免出现一些"差错",比如以下情形:

——我就没见过这么不听话的孩子!不许他吃零食,他偷偷吃。

——不许他看电视,他偷偷看。

——现在还学会了说谎,明明偷吃了薯片,还在嘴里嚼呢,竟面不改色地说"我没吃啊"。

——他明明认识这个小朋友,都走到人家旁边了,就是不和人家打招呼。

——都拿起人家的乐高一起玩了,就是不敢和人家说句话。

——我家孩子一点儿毅力都没有,无论什么特长班学一两次就不愿意去了。

——唯一最感兴趣的就是玩游戏,手机夺也夺不下来。

——……

坦率地讲,上述情形从孩子的社会性发展规律来看,都不是多么严重的问题。即便如此,相信绝大部分家长仍然会坚持希望孩子可以做得更好。

这就涉及家长该如何进行引导的问题了,或许可以尝试以下做法:

(1)停止抱怨,尤其需要避免一味地批评或者责骂。

(2)确认事实并接纳已经发生的事实,然后询问孩子做出这些行为背后的原因,并引导孩子找到具有相似效用的替代行为。

(3)观察并发现孩子某些行为事实背后可能隐藏的闪光点。

拿孩子普遍感兴趣的网络游戏举例,我们会发现,孩子在玩游戏的时候,都能呈现注意力相对专注的一面——单就注意力专注而言,难道不是值得称颂的地方吗?

(4)少一些指令,多一些建设性、引导性的做法,帮助孩子建立自我承诺。

——少说"不要玩游戏",多说"如果你想玩游戏,计划玩多久呢"。

——少说"记得不能马虎",多说"你能够做得更仔细一些,对吗"。

——少说"要有礼貌",多说"你可以做到主动跟别人打招呼,对吗"。

——少说"不能撒谎",多说"你更愿意跟爸爸、妈妈说实话,对吗"。

——少说"不能乱动人家的东西",多说"要用别人的东西,需要得到别人的同意,对吗"。

——少说"你应该……"，多说"和爸爸、妈妈一起努力做得更好，可以吗"。

——……

在绝大多数情况下，孩子并不见做得有多差，之所以家长会认为很差，往往是将"别人家孩子"作为标尺比较出来的。关键问题在于，"别人家的孩子"是一个和梦中情人一样虚幻的人物。要知道，这世界上除了"我的孩子"，就全是"别人家的孩子"，这相当于要让孩子一个人打赢全世界。这公平吗？孩子受得了吗？

所谓"金无足赤，人无完人"，何况是正在不断成长的孩子呢？所以，家长真正谨记在心的是：

看见孩子不够好，父母心中肯定躁；

悉心发现闪光点，再加鼓励真正妙！

三、如何消除孩子的不安情绪

在现实生活中，即便家长，即孩子的长辈成员之间能够在孩子教育的方向上达成基本一致，但是，在很多具体、琐碎的事情上，家长（这里特指孩子的长辈之间）意见不一致，仍然是一件大概率的事情——在绝大部分情形下，这本应该属于一种正常现象。但是，如果这种意见不一致的情况一而再再而三地出现，还是会不同程度地引发孩子内心的不安。如果这种不安不能及时化解和消除，一旦累积到一定的临界点，就有可能对孩子的成长造成不可逆转的伤害——心理学上的研究表明，绝大部分成年人的心理疾病病因，都可以追溯到小时候在原生家庭的某些生活场景。

一般而言，绝大部分家长的做法是：一是确保不在孩子面前发生争吵；二是当一方正在对孩子进行"管教"的时候，其他成员都保持克制和沉默——很多家长以为这样就万事大吉了。事实上，这种表面上的"平静"和"友好"，并不表明孩子会对家长意见不一致的情况一无所知，所以，在这一基础上，真正要消除孩子因为家长意见不一致而产生的内心不安，恐怕还得做好以下更为细致的工作。包括：

（1）在事后找到恰当的时机，如实告诉孩子，长辈之间因为他的成长问题产生过一些不同意见，并说明这些不同意见并不是因为原则和方向的问题，仅仅是某一具体事情的处理方式和方法而已，让孩子知道家长为此所付出的努力。

（2）事后询问孩子是否因此而感到不安，并就此向孩子表达诚恳的歉意。

（3）邀请并鼓励孩子对某一具体事情表达自己的意见，并以此为契机，与孩子达成某些共识，找到孩子能够接受的处理方式。

（4）尽可能提出多种解决方案，让孩子拥有更大的自主选择的空间。

打个不太恰当的比方，就像我们平常需要通过正常、有规律的饮食来摄入身体所需要的各种营养一样，其最终目的都是为了身体健康。家长所谓的不同意见往往发端于具体的、不同的主食和菜品的选择，本质上并没有谁对谁错的原则性问题，最多只是口味和喜好的差异而已。

所以说：

意见不一本平常，何必纠缠最恰当？
若与孩子交流好，定有共识能找到！

四、孩子总是丢三落四，怎么办

很直接地说，孩子总是丢三落四的绝大部分原因，都是家长"惯"出来的。

先看看以下情形：

——当孩子上学之后，忘记带某样作业或者文具，家长是否亲自送到学校？

——家长是否自己也经常找不到需要使用的某些物件？

——家长是否自己也经常随意堆放生活用品？

——家长是否自己的书报杂志也从来没有认真整理过？

——家长是否从来没有让孩子动手整理过自己的玩具和学习用具？

——家长是否自己做事也没有一定的程序？

——……

如果以上情形经常发生，或者一贯如此，孩子丢三落四的毛病也就再正常不过了。反过来，如果家长能够切实做好以下几件事情，孩子丢三落四的毛病就一定会有极好的改善，乃至最后彻底消灭。

（1）家长身体力行做好榜样，包括定期整理家中物品，用过的东西及时放回原位，固定常用物件的摆放位置等。

（2）让孩子自行承担丢三落四的后果。

（3）切忌唠叨。

（4）培养孩子珍惜物品的意识。

（5）培养孩子检查的习惯。

（6）教会孩子一些物品整理的程序和方法。

（7）给孩子提供固定的物品收纳空间。

（8）教会孩子列物品整理清单。

应该说孩子偶尔丢三落四并不是多么严重的事情，但是，如果放任自由，最终成为一种习惯，必定会影响孩子未来的成长和发展。所以，家长有必要从自身做起，并帮助孩子不断改善。

正所谓：

无人天生就完美，苛责求全不可为；

只要后果勇承担，有了教训自奋飞！

五、孩子粗心马虎，怎么办

如果要家长列举在孩子成长教育过程中，最让人抓狂的十件事情，估计"孩子粗心"一定能够名列前三甲。而与家长直观感受完全不同的是，当笔者分别将"粗心"和"孩子粗心"作为关键词进行百度搜索时，却发现一个很有意思的现象。其中，"粗心"找到的相关结果约18,300,000个，而"孩子粗心"找到的相关结果约3,620,000个，两相比较，"孩子粗心"只是"粗心"的20%左右——即便这样的推导在学理上有这样或者那样的漏洞，但仅从表面上看，孩子粗心这件事情大可"放宽心"。

因为粗心这种现象并不是仅仅发生在孩子身上——如果家长敢

于直面，没有任何一位家长能够保证自己成年之后，从来没有出现过粗心的事情。所以，面对孩子粗心的问题，家长至少应该先做好以下两件事情：

（1）用平和的态度接纳孩子粗心的事实。

（2）认真分析孩子粗心背后的原因，并从原因入手，帮助孩子逐步改善。

在此基础上，我们分析孩子粗心的问题就会发现，孩子在学习过程中的粗心现象大致有两种类型：

一类是真粗心，指孩子已经理解和把握了相关的知识，对于其中的某些新问题本来完全可以解决，但由于做题时不仔细，一时大意，从而造成错误。

另一类是假粗心，是指学习上的新问题从表面上看已经弄清楚了，其实是似懂非懂，真正做起来就会感到困难，对新问题答不完全或说不清楚，总是对一部分错一部分，并给人以粗心的假象。

进一步探寻下去，真粗心的主要原因为：注意力不集中；贪快心理；不稳定的情绪等。

而假粗心的原因大致有：和孩子的自身能力有关；和某些思维定式的干扰有关；和某些不良性格特质有关等。

为此，家长可以尝试做好以下几件事情：

（1）培养孩子良好的学习习惯，尤其要注重孩子责任感的培养。

（2）关注孩子思维能力的训练和培养。

（3）避免对孩子进行不良的心理暗示。

这是笔者观察认为最关键的一点。

所谓心理暗示，是指用含蓄、间接的方式，对别人的心理和行为产生影响。暗示作用往往会使别人不自觉地按照一定的方式行动，或者不加批判地接受一定的意见或信念。

心理学著名的"罗森塔尔效应"表明，心理暗示对孩子的发展具有不可忽视的重要作用。1968 年，美国心理学家罗森塔尔和福德来到一所小学，他们从一年级至六年级中各选 3 个班，在学生中进行了一次"发展测验"。然后，他们以赞美的口吻将有优异发展可能的学生名单通知有关老师。8 个月后，他们又来到这所学校进行复试，结果名单上的学生成绩有了显著进步，而且情感、性格更为开朗，求知欲望强，敢于发表意见，与教师关系也特别融洽。

　　实际上，这是心理学家进行的一次期望心理实验。他们提供的名单纯粹是随便抽取的。他们通过"权威性的谎言"暗示教师，坚定教师对名单上学生的信心，虽然教师始终把这些名单藏在内心深处，但掩饰不住的热情仍然通过眼神、笑容、音调滋润着这些学生的心田，实际上他们扮演了皮格马利翁的角色。学生潜移默化地受到影响，因此变得更加自信，奋发向上的激流在他们的血管中荡漾，于是他们在行动上就不知不觉地更加努力学习，结果就有了飞速的进步。这个令人赞叹不已的实验，后来被誉为"皮格马利翁效应"或"期待效应""罗森塔尔效应"。妈妈教了孩子很多次加法，可孩子还是一再犯错，家长很烦躁地说："怎么这么笨啊！"遇到孩子不擅长的活动，家长就说："这个活动我们孩子不会的！"

　　实际上，父母不经意间说出来的这些话或表现出来的行为，会给自己的孩子带来消极的心理暗示。如果父母不止一次地这么对孩子说，孩子就会认为自己真的很笨、很麻烦，有很多事不会做，从而否定自己，变得不自信，甚至觉得爸爸、妈妈不爱自己，产生不健康或是不准确的自我认识。这样的心理暗示一旦转变成自我暗示，就会对孩子身心各方面造成不良的后果。

　　所以，家长有必要经常反思：我有没有反复地当着孩子的面说："你很马虎！"我有没有当着他的面对别人说："只有在我看着他时,他才能认真做事。"如果有这样的情况,那么对孩子可能已经产生了不良的心理暗示。

总而言之,一方面,家长要知道,孩子粗心的问题在某种程度上并不可能杜绝;另一方面,如果家长一味地纠缠于孩子粗心的表面事实,根本于事无补,甚至会适得其反。

有道是:

马虎表现真揪心,粗心背后有原因;
找到关键是首要,分解目标步骤清!

六、总是与同学闹矛盾,怎么办

孩子与同学之间产生一些摩擦,闹一点矛盾,在绝大多数情况下,应该都是极为正常的事情,家长基本不需要介入,孩子都能够自行消化。但是,如果闹矛盾的情况频次过高,自然值得家长高度关注,并及时帮助孩子摆脱这种状态及由此带给孩子的困扰。

需要特别注意两种情形:

先说第一种情形,即孩子与同学闹矛盾总是处于相对主动的一方——如果家长经过多方面的调查,确认是这种情形,至少应该从以下几个方面与孩子进行积极的交流和沟通:

(1)及时告知孩子相关情况及经由多方调查确认的具体事实,让孩子清楚地知道,家长对他成长过程中的各种行为表现是真心关注和关切的,以强化孩子在家长心中的存在感。

(2)严肃指出孩子具体的、不当的言行举止,并明确告诉孩子因为他的行为给对方造成的困扰或者伤害。

（3）如果情况相对严重，可以主动要求孩子陪同家长向当事的另一方做出诚恳的道歉。

第二种情形是，孩子总是处于相对被动的一方——一般情况下，孩子会流露出伤心、难过或者某些委屈的情绪状态——一旦发现这种情形，家长需要高度重视，并及时与孩子进行交流予以疏导。包括以下做法：

（1）抚慰孩子，并鼓励孩子把事情的整个经过说出来，让孩子真切感受到来自家长的关切和温暖，从而获得必要的、踏实的安全感。

（2）与孩子一起分析导致相关后果的关键原因，并向孩子提供一些未来应对类似情形的方法和措施。

（3）明确告诉孩子，你会尽一切力量去保护他。

（4）如果情况严重，家长需要及时与学校老师，以及当事方孩子的家长进行沟通，甚至是交涉。

总而言之，无论是上述哪一种情形，家长都必须及时地、积极地介入，认真履行作为家长的职责和义务，对孩子进行有效的引导和帮助，从而促进孩子的健康成长。

有道是：

总闹矛盾是头大，最忌一味责备他；
梳理清楚啥原因，有效化解乐哈哈！

七、遭到老师无端批评，怎么办

应该说，在绝大多数情况下，老师以批评的方式对孩子进行教育，既是老师的使命和职责，也是非常重要的教育方式之一。

但是，不可否认的是，因为众多因素的影响，老师对孩子的批评不见得百分之百正确或者合适——笔者无从猜测阅读至此的你，是否愿意承认或者接受这一事实，但在现实生活中，很多家长往往忽视这一情况——要么一边倒地站在老师的立场，对孩子进行"雪上加霜"的批评；要么无视孩子的委屈，一句"老师也是为你好"，搪塞、敷衍孩子——至少笔者并不认同这样的做法。

从孩子的身心健康角度看，家长除了要关心孩子的情绪状态之外，当发现孩子遭遇了老师的无端批评，至少应该主动做好以下几件事情。包括：

（1）询问孩子，了解引发老师批评的具体情形及做出批评的可能理由。

（2）鼓励孩子大胆复原当时的场景，以及老师批评时所使用的语词、语气和表情等。

（3）询问孩子感到委屈的原因，包括老师可能在判断上的失误，老师所采用的方式、方法等。

（4）引导、鼓励孩子对事情的整个过程进行还原，并启发孩子对事情进行自主判断和区分，帮助孩子找到能够避免老师做出无端批评的一些有效办法。

总之，对于正在成长的孩子来说，家长既要引导孩子学会接受老师的善意批评，也要密切关注孩子因遭受无端批评而产生的负面情绪，并进行有效疏导。

正所谓：

> 无端批评本不该，第一时间须善待；
> 引导孩子辨是非，正向呵护栋梁材！

八、怎么处理孩子的过分要求

先说笔者小孩上小学三年级期间发生的一件事情。

照例是出差回到家中之后所获得的一个信息。

有一天，在放学回家的路上，孩子向妈妈提出了想要一部手机的想法，理由是有些同学已经买了，当然，他妈妈没有满足他，并且给出大概这样的回应："这么小要什么手机呢？……不能因为同学有什么东西，我们就一定要……再说也用不上……要不等你爸出差回来，你去问他。"

此后几天，我一直等着，看看他是否会主动告诉我这个想法，自然是一直都没有提及。这样看来，他的想法并不强烈，就此装作完全不知道有这样一件事情而置之不理，似乎也没有太大的不妥。

但是，我考虑得更多的是，既然孩子向妈妈提出来了，恐怕就不仅仅是一个念头的事情了。至少表明孩子有所期待，并且想尝试实现这一愿望，只是结果上并未达成而已。

问题在于，对于孩子来说，一个愿望（哪怕并不强烈）未能实现，不说会有多么严重的后果，但是，如果孩子并没有弄清楚这个愿望没有实现的具体原因（坦率地说，他妈妈给出的理由看起来很好，但是不够充分），也许会留下两个后遗症：一是未来不再主动向父母提出自己的愿望；二是等到他有更多自主空间的时候，出现报复性的补偿心理。如此想来，还是觉得有必要主动与他进行一次坦诚的沟通：

"儿子，前几天与妈妈聊天的时候她告诉我说，你前些日子提出想要一部手机？"

"嗯……"

"所以，爸爸今天想跟你聊聊这件事情，好吗？"

"可以呀。"

"那你能说说想要一部手机的理由吗？"

"……主要是我一个人在家或者其他需要跟你们联系的时候，可以用到呀……"

"还有呢？"

"还有就是……"

听他不太有底气的回答，可以判断这个理由连他都觉得不够充分。于是，根据已经掌握的情况，知道是在学校一次外出活动时，老师要求手机上交统一保管的时候，他发现了一些同学（大部分是小学高年级的）有自己的手机，之后才提出这个想法的。于是，我继续：

"看样子，除了刚才你说的理由之外，没有别的了吧？要不让老爸猜猜你为什么想要手机的其他想法？"

"你猜……"

在大致陈述了妈妈反馈的相关情况之后，我问道：

"那老爸可不可以理解成，你想要手机的更重要的原因是，那次看到有些同学带手机了？好像并不是你刚才说的理由？老爸猜对了吗？"

"百分百正确……"

"那你觉得这个理由充分吗？"

"……"很显然，连他自己也觉得不充分。所以，有责任帮助他分析为什么不够充分。

"儿子，我猜一定是你看见同学有手机，觉得挺好玩，有点炫酷，然后就想自己也有，对吗？"

"嗯……"

"那老爸跟你说一件事情，比如当我们在街上看到一些让自己特别愤怒的事情时，也许心里会想，真想上去揍那个人一顿……问题是，我们会真的去揍人家吗？"

"哈哈，肯定不会了！"

"为什么不会呢？"

"想了不一定能做呀！真揍人家也太冲动了吧？……"

"太对了！也就是说，很多时候，我们可能有些想法，只是因为一时的想法然后就去做，恐怕不见得合适。因为做了，可能会因为一时的冲动造成不好的后果，就像刚才举的例子，真的上前去揍人家……"

"肯定不行呀！"

"所以，除非我们真的需要去做一些事情的时候，除了一些很简单的事情，比如路上渴了去买瓶水，否则，其他一些需要付出一定代价的事情，就不能这么冲动，对吧？"

"嗯……"

"老爸还想问你的是，学校对同学带手机的事情有没有什么规定？"

"有呀，小学生只有五六年级的同学才可以带，而且上课时间要关机。"

"嗯，那你要不要遵守学校的规定？"

"肯定要呀！"

"既然是这样，我想跟你做一个约定，等你小学五年级下学期开学的时候，作为新学期礼物，送你一部手机，你觉得如何？"

"当然好呀!"

于是,和儿子确认了彼此的约定之后,结束了这次沟通。

其实,手机这件事只是一个契机。

在孩子成长过程中,毫无疑问会出现一些类似的情形。有些时候,孩子提出的一些要求或者愿望,乍一听,有可能是荒唐的,有可能是过分的,也有可能是不合时宜的(比如今天与孩子沟通的事情),更有可能是蛮横无理的……

为此,当孩子提出某些过分或者不恰当要求的时候,家长至少需要注意以下两个方面:

一是切忌不问缘由地断然拒绝或者迁就满足。这两种极端的做法都有可能给孩子的成长埋下隐患。

二是在承认或者接纳孩子提出这种要求并没有对错的基础上,主动与孩子进行沟通。包括:

——确认孩子提出这种要求的具体内容。

——耐心询问孩子提出这种要求的理由。

——引导孩子自行判断理由是否充分。

——找到替代性方案,并与孩子达成共识。

此外,家长亦需要在日常生活中不断与孩子交流沟通,并就什么是过分的要求达成共识。比如:

(1)在物质方面的要求上,要明确告知孩子家庭经济能力的承受范围。即便经济上并不受限,也要明确告诉孩子,只能满足孩子与其他同学差不多水平的要求。

(2)在其他非物质方面的要求上,要让孩子清楚地知道,凡是跨越某些既定规则或者违反社会公序良俗的要求都属于过分的范畴。

当然，家长要清楚的是，这种事情和孩子成长教育过程中的其他事情一样，都不可能一蹴而就、一劳永逸，需要家长给自己，也给孩子足够的耐心。

正可谓：

何谓过分须明辨，生硬拒绝先靠边；
探明背后真实意，再行变通心里甜！

九、如何与孩子达成共识

在某种程度上，这本不应该成为一个问题——从根本上说，当孩子的选择与家长的期望不符时，家长只需做好一件事情：相信孩子的选择并尽可能提供支持——当然，这里面假定了一个隐含的前提，那就是孩子和家长的最终目的都是拥有一个幸福的人生。所以，这个问题的本义应该是，在实现最终目的的过程中，孩子选择的方式、方法与家长的期望产生了错位或者冲突。比如以下情形：

——家长期望孩子能够参与一些兴趣特长班的学习，孩子选择的科目与家长的期望不同，或者干脆什么都不想学。

——家长期望孩子多阅读那些"富有养分"的经典书籍，孩子却选择那些"不靠谱"的动漫、校园小说，甚至干脆就没有阅读的兴趣。

——家长期望孩子多参加那些"正当有益、主题鲜明"的活动，孩子却选择那些毫无主题可言的玩耍，或者干脆宅在家里玩游戏。

——……

坦率地讲，之所以会出现上述彼此之间严重的错位，甚至是完全对立的情形，绝大多数是因为以下两种比较常见的极端：

一种是家长根本没有意识到，应该在孩子恰当的年龄阶段（一般在2周岁开始，甚至在1周岁之后，孩子可以通过语言进行简单交流的时候），着手对孩子更长远的未来进行有效的规划，更别说做更加具体的引导了。这一类家长还常常自诩对孩子进行"散养""放养"，殊不知即便是这样的"散养"或者"放养"，其背后也是有一定规律的。

另外一种是，家长意识到了，并且也尝试对孩子进行所谓的"引导"，但往往把"引导"做成了"指令"。比如：

有些家长在孩子很小的时候，可能都问过孩子"长大以后想做什么"的问题。大多数情况是，家长听到孩子选择的是那些"光鲜亮丽"的职业或者工作时，除了一脸得意之外并无下文。反之，如果孩子选择的是"普通劳累"的工作时，往往是蛮横地要求孩子"断了念想"。

事实上，无论孩子做出什么样的选择，只要孩子有回应，都是一个极好的引导契机。因为孩子当下的选择并不是关键，关键是孩子为什么会有这样的选择。假定孩子的选择永远不变，孩子在成长过程中应该做好哪些准备？——事实上，孩子未来到底从事什么样的职业并不重要，重要的是家长是否能够帮助、引导孩子清楚地知道，在其成长过程中需要做好哪些准备？要夯实哪些基础？

具体的实践操作，就是要学会询问孩子，而且是耐心地、经常性地询问，并且保证在询问过程中，不对孩子的回应做出对与错的即时判断。

比如孩子说他想做环卫工人，可以问孩子一些问题：为什么会想做环卫工人？如果要做好环卫工人，你觉得需要做好哪些事情？

如果要做好这些事情，现在应该做好哪些准备？……通过类似的询问追寻下去，就会发现一个很有意思的现象，那就是最终还是回到那些更为根本的品性上……

所以说：

> 选择不同本自然，莫名否定更逆反；
> 放下分歧定方向，建立共识同苦甘！

十、孩子磨蹭时怎么办

相信很多父母都遭遇过孩子的磨蹭行为，并且为此用尽各种办法，只是终究收效甚微。

按我儿子的说法就是："催的人急躁，被催的人烦躁。"

其实，儿子不知道的是，自他上幼儿园以来，直到现在小学二年级，他妈妈为此事在我面前抱怨的次数已经不可计数。在此之前，每次等他妈妈抱怨完之后，我除了不置可否的态度之外，基本上都劝慰说："对待孩子的成长需要一些耐心。"之所以选择这样的方式，一方面是良好习惯的建立与养成的确需要一些时间，对于孩子来说，更需要父母给予足够的耐心；另一方面的原因是我一直在等待一个合适的时机，帮助他从原来一直处于缓慢量变的状态，飞跃到一个质变的层次。

让我先简单描述一下平时上学前的情形：早上到了起床时间，我们照例会把孩子叫醒（孩子一般都睡得比较沉）。之后就是孩子通常的表现：睁开惺忪的睡眼，伸个懒腰，翻个身，继续赖床……

依照过往的做法，家长需要坐在床边反复唠叨、催促，好不容易起来之后，穿衣服又是一顿磨蹭，然后就是洗漱、练琴、出门等环节，每个环节都能听到他妈妈耐着性子的催促，即便如此，孩子的行为似乎也没有太多的改善。

但是，根据我对孩子平时一些言行的观察，除了行动有些磨蹭之外，在很多事情上，孩子已经具备一些自主意识。而且通过之前很长时间的练习，也已经能够清楚了解对自己的行为需要承担一些什么样的责任和后果了。加上一个暑假之后，就要上小学三年级，功课压力越来越大，而他自己可能产生兴趣的事情将越来越多。所以，帮助他提高行动效率的时机似乎已经来临。

最好的时机，其实就是没有任何刻意的日常状态下的行为时间点。到底采取什么办法呢？我当然还是乐意选择与孩子沟通交流的方式。

和平时一样，到点我把儿子叫醒之后，我首先对他说："儿子，我们今天来玩个游戏如何？"儿子听到游戏，当然表示乐意参与，于是问怎么玩。我告诉他说："从今天开始，你醒来之后直到出门前，我和妈妈不再在任何环节中催促你了，看看你是否能够顺利完成上学前的所有环节，做到准时出门，以保证不迟到。我们等你发出出门的信号，如果超过时间，我们会耐心等你，但迟到了你就需要接受老师的批评，如何？"等确认他明白意思之后，我们就离开他的房间了。在这个过程中，除了暗中观察孩子之外，我们一直克制着对他任何一个环节行为的提醒。

让我们感到意外的是，等孩子完成所有环节的时候，事实上比平时出门的时间还提前了 10 分钟左右。趁着这个机会，我把孩子抱在胸前，与他进行了一段简短的对话：

"儿子，今天能够这么快完成所有上学前的环节，看样子你的行动还是很迅速的，看来之前是爸爸、妈妈没有发现，很显然，你并不磨蹭！"听到这样一番肯定之后，儿子自然露出了高兴的神色。我接着说道："从此以后，我们都按照这种方式，爸爸、妈妈只负责把你叫醒，剩下所有的事情我们都不再催促你，全部由你自己完成，你可以做到吗？"

儿子愉快地回答说："当然可以！"

"那从什么时候开始？"

"就从下周一开始呗！"（我们是在一个周五的早上玩这个游戏的）

"好，那就从下周一开始，爸爸、妈妈相信你一定能够做到！"为了确认，还跟孩子走了一道"拉钩"的程序。为了让孩子真正了解家长的苦心和用意，我还与孩子继续了下面一小段的对话：

"儿子，你知道吗？姐姐和堂哥在你这么大的时候，都是由他们自己独立完成早上上学前的所有事情，相信你一定能够比他们做得更好，你觉得呢？"

"那是肯定的！"

"儿子，既然我们已经有了约定，那从下周一开始，万一你没有按时完成上学前的所有环节，最后上学迟到了，你知道需要承担什么样的后果吗？"

"知道，挨老师批评呗！"

"那你愿意挨批评吗？"

"当然不愿意！"

"那好！你知道老爸为什么会这样要求你吗？"

"嗯……大概是要我养成对自己行为负责的习惯。"

"太对了！那你猜猜为什么老爸在你这么小的时候，就要开始培养你这样的习惯？"

"嗯……因为长大以后，很多事情你们都帮不上忙，所以需要我自己去承担责任呀！"当然，在整个对话过程中，我们始终向他传递着信赖和鼓励。

其实，无论是小孩还是大人，当我们期望对方建立某种行为习惯时，鼓励与信赖恐怕都是不可或缺的重要基础。同时，也要揭示新习惯能够避免的一些不好的心理体验，就像我最后与儿子交流的那样：

"儿子，如果你以后真的能够养成这样的好习惯，爸爸、妈妈再也不会因为要不断催促你而生气了，而你也肯定会更开心，不是吗？其实，催的人和被催的人都不舒服！"

"是的。催的人急躁，被催的人烦躁！"哈哈，高高兴兴上学去！

后续的情形是，从儿子四年级下学期开始，我们只在晚上睡觉前提醒一下，早上由闹钟负责叫醒他，并不参与更多环节的催促了。

据笔者后来的观察，孩子的磨蹭行为实际上需要区分两种情形：

一种是真磨蹭。

指的是孩子自己的行动节奏的确偏慢。笔者的建议是，除了与孩子一起商议并确定相关事项的时间节点之外，不再干涉孩子的行动过程，让他在时间节点的约束下，逐步改善、提高行动节奏。

另一种是假磨蹭。

指的是孩子本身对将要做或者正在做的事情有疑虑，或者是家长并没有交代清楚具体要求和细节，导致孩子的行动迟疑起来，最终呈现磨蹭的状态。为此，笔者的建议是，在孩子行动之前，让其清楚地知道事情的原委，以及可能需要家长提醒或者提供帮助的细节。

总的来说，家长需要明确的是，孩子的磨蹭行为并非一件多么严重的事情。

或者可以说：

> 磨蹭行为心焦急，只因节奏不同你；
> 适时等待加游戏，养成习惯方称意！

小结：爱，应该无处不在

前面分别对孩子成长教育过程中十种较为常见的情形进行了一些剖析，并分享了一些在实践中总结出来的具体做法。

有心的读者应该能够发现，无论家长在面对哪一种情形的具体问题时都不能操之过急——"十年树木，百年树人"，孩子的成长肯定是一个漫长、缓进的过程。在这一过程中，家长尽可以采用、尝试各种不同的方式和办法，来帮助、引导孩子健康成长，但是真正值得家长时刻警醒和注意的是：爱，对孩子的真爱，才是那些方式、方法能够产生正向效用的坚实基础。

除此之外，别无他径。

一句话，家长在孩子成长教育的过程中，一定要让孩子能够真切地感受到来自家长的、无所不在的爱。

有道是：

> 孩子成长路漫长，风雨泥泞心恐慌；
> 恐慌难免多错乱，岁月蹉跎陷迷茫；
> 若有家长来呵护，悉心浇灌不彷徨；
> 爱如希望一束光，指引孩子向前方。

后记

还有一段迷雾，终究需要你独自穿行

假如你——我亲爱的读者，能够耐着性子翻阅完前面的全部篇章，我不敢妄自猜测你的阅读感受，也不敢自恋地确认你一定会同意我的观点，更不敢说你已经掌握了与孩子建立轻松愉快、亲密有效的互动模式，除了列夫·托尔斯泰说过"幸福的家庭都是相似的，不幸的家庭各有各的不幸"这样的理由之外，更重要的是"还有一段迷雾，终究需要你独自穿行"——即便我完全可以确保，本书的任何一个文字，都来自本人的所见所闻、所思所行！

首先，认识到自己的执拗，不等于能够或者有勇气放弃自己的执拗。因为在"执拗者"的视角看来，自己并没有什么错误。其中，最坚硬而且充分的理由就是：

"我大半辈子都这么过来的，不也挺好吗？"

"身边很多人都这样，为什么我不可以这样？"

"难道孩子会比我懂得更多？"

……假如你确定真心尝试放下自己的执拗，你将需要一次又一次地否定自己——这份孤寂和可能的不知所措，没有人能够帮到你，唯一能够帮助你独自穿越这段迷雾的，就是你始终相信：前面有光！

其次，即便你能够独自穿越"自己的迷雾"，你还将面临身边，尤其是你的长辈为你设置的一段又一段的迷雾。其中，来自父母的那段迷雾，足以摧毁绝大多数人穿越的信心——因为在穿越过程中，你不但无法在短时间之内证明你坚持穿越的"正确性"，你还有可能需要背负更多沉重的包袱，包括他们以"过来人"的身份对你的干预，甚至是指责；包括他们以你为样本的自以为正确的教育方法和手段的坚持；包括他们几十年如一日的，几乎没有任何改良余地的行事方式和处世哲学等，都有可能衍变成一个又一个无法消散的、浓重的雾团，让你最后放弃穿越——除非你有足够的勇气和韧性去承受这一切！

最后，你还得面对社会上一切喧嚣所形成的迷雾——这段迷雾更加浓郁而漫长。因为你总是会有意无意地用孩子向身边的人或者整个社会证明什么——即便这并没有错误，但是，你需要知道的是，这个证明的时间和过程实在太长——至少二十年，甚至是孩子的一辈子——除非你愿意将验证的标准聚焦到唯一的尺度上：孩子本人的幸福和快乐，而不是你或者别人眼中的幸福和快乐！

让我们一起重温一下纪伯伦《论孩子》（冰心译）这首诗：

你们的孩子，都不是你们的孩子，
乃是"生命"为自己所渴望的儿女。
他们是借你们而来，却不是从你们而来，
他们虽和你们同在，却不属于你们。
你们可以给他们以爱，却不可给他们以思想，
因为他们有自己的思想。
你们可以荫庇他们的身体，却不能荫庇他们的灵魂，

因为他们的灵魂，是住在"明日"的宅中，
那是你们在梦中也不能相见的。
你们可以努力去模仿他们，却不能使他们来像你们，
因为生命是不倒行的，也不与"昨日"一同停留。
你们是弓，你们的孩子是从弦上发出的生命的箭矢，
那射者在无穷之中看定目标，也用神力将你们引满，
使他的箭矢迅疾而遥远地射了出去。
让你们在射者手中的"弯曲"成为喜乐吧；
因为他爱那飞出的箭，也爱了那静止的弓。

所以，即便如此艰难，最后我还是愿意诚挚地祝福你和你的孩子：

你们可以开始一段属于你和孩子的幸福之旅！

推荐作者得新书！
博瑞森征稿启事

亲爱的读者朋友：

感谢您选择了博瑞森图书！希望您手中的这本书能给您带来实实在在的帮助！

博瑞森一直致力于发掘好作者、好内容，希望能把您最需要的思想、方法，一字一句地交到您手中，成为管理知识与管理实践的桥梁。

但是我们也知道，有很多深入企业一线、经验丰富、乐于分享的优秀专家，或者忙于实战没时间，或者缺少专业的写作指导和便捷的出版途径，只能茫然以待……

还有很多在竞争大潮中坚守的企业，有着异常宝贵的实践经验和独特的洞察，但缺少专业的记录和整理者，无法让企业的经验和故事被更多的人了解、学习……

对读者而言，这些都太遗憾了！

博瑞森非常希望能将这些埋藏的"宝藏"发掘出来，贡献给广大读者，让更多的人从中受益。

所以，我们真心地邀请您，我们的老读者，帮我们搜寻：

推荐作者

可以是您自己或您的朋友，只要对本土管理有实践、有思考；可以是您通过网络、杂志、书籍或其他途径了解的某位专家，不管名气大小，只要他的思想和方法曾让您深受启发。

可以是管理类作品，也可以超出管理，各类优秀的社科作品或学术作品。

推荐企业

可以是您自己所在的企业，或者是您熟悉的某家企业，其创业过程、运营经历、产品研发、机制创新，等等。无论企业大小，只要乐于分享、有值得借鉴书写之处。

总之，好内容就是一切！

博瑞森绝非"自费出书"，出版费用完全由我们承担。您推荐的作者或企业案例一经采用，我们会立刻向您赠送书币1000元，可直接换取任何博瑞森图书的纸书或电子书。

感谢您对本土管理原创、博瑞森图书的支持！

推荐投稿邮箱：bookgood@126.com　　推荐手机：13611149991

1120 本土管理实践与创新论坛

这是由100多位本土管理专家联合创立的企业管理实践学术交流组织,旨在孵化本土管理思想、促进企业管理实践、加强专家间交流与协作。

论坛每年集中力量办好两件大事:第一,"出一本书",汇聚一年的思考和实践,把最原创、最前沿、最实战的内容集结成册,贡献给读者;第二,"办一次会",每年11月20日本土管理专家们汇聚一堂,碰撞思想、研讨案例、交流切磋、回馈社会。

论坛理事名单(以年龄为序,以示传承之意)

首届常务理事:

彭志雄　曾　伟　施　炜　杨　涛　张学军　郭　晓　程绍珊　胡八一
王祥伍　李志华　陈立云　杨永华

理　　事:

张再林	卢根鑫	刘文瑞	王铁仁	周荣辉	罗　珉	房西苑	曾令同
黄民兴	陆和平	孟广桥	宋杼宸	张国祥	刘承元	叶兴平	曹子祥
宋新宇	吴越舟	吴　坚	杜建君	戴欣明	仲昭川	刘春雄	刘祖轲
张茂泽	段继东	陈立胜	梁　涛	何　慕	秦国伟	贺兵一	罗海容
张小虎	陈忠建	郭　剑	余晓雷	黄中强	朱玉童	沈　坤	阎立忠
张　进	丁兴良	朱仁健	薛宝峰	史贤龙	卢　强	史幼波	黄剑黎
叶敦明	王　涛	李文才	王　强	张远凤	陈　明	廖信琳	岑立聪
方　刚	何足奇	周　俊	杨　奕	孙行健	孙嘉晖	张东利	郭富才
叶　宁	何　屹	沈　奎	王明胤	王　超	马宝琳	谭长春	杨竣雄
夏惊鸣	张　博	段传敏	李洪道	胡浪球	孙　波	唐江华	程　翔
翟玉忠	刘红明	杨鸿贵	伯建新	高可为	李　蓓	王春强	孔祥云
戴　勇	贾同领	罗宏文	张兵武	史立臣	李政权	余　盛	陈小龙
尚　锋	邢　雷	余伟辉	李小勇	苗庆显	孙　巍	陈继展	全怀周
林延君	王清华	初勇钢	陈　锐	高继中	聂志新	黄　屹	沈　拓
徐伟泽	潦　寒	谭洪华	崔自三	王玉荣	蒋　军	侯军伟	黄润霖
朱伟杰	金国华	吴　之	葛新红	周　剑	崔海鹏	李治江	陈海超
柏　奡	唐道明	刘书生	朱志明	曲宗恺	杜　忠	黄渊明	王献永
范月明	吕　林	刘文新	赵晓萌	张　伟	韩　旭	韩友诚	熊亚柱
秦海林	孙彩军	刘　雷	贺小林	王庆云	黄　娜	俞士耀	田　军
丁　昀	张小峰	黄　磊	罗晓慧	赵海永	伏泓霖	任彭枞	梁小平
鄢圣安	马方旭	乐　涛	杨晓燕	欧阳莉华	陈　慧	张　璐	

企业案例·老板传记

	书名.作者	内容/特色	读者价值
企业案例·老板传记	你不知道的加多宝：原市场部高管讲述 曲宗恺 牛玮娜 著	前加多宝高管解读加多宝	全景式解读，原汁原味
	借力咨询：德邦成长背后的秘密 官同良 王祥伍 著	讲述德邦是如何借助咨询公司的力量进行自身与发展的	来自德邦内部的第一线资料，真实、珍贵，令人受益匪浅
	娃哈哈区域标杆：豫北市场营销实录 罗宏文 赵晓萌 等著	本书从区域的角度来写娃哈哈河南分公司豫北市场是怎么进行区域市场营销，成为娃哈哈全国第一大市场、全国增量第一高市场的一些操作方法	参考性、指导性、一线真实资料
	六个核桃凭什么：从0过100亿 张学军 著	首部全面揭秘养元六个核桃裂变式成长的巨著	学习优秀企业的成长路径，了解其背后的理论体系
	像六个核桃一样：打造畅销品的36个简明法则 王超 范萍 著	本书分上下两篇：包括"六个核桃"的营销战略历程和36条畅销法则	知名企业的战略历程极具参考价值，36条法则提供操作方法
	解决方案营销实战案例 刘祖轲 著	用10个真案例讲明白什么是工业品的解决方案式营销，实战、实用	有干货，真正操作过的才能写得出来
	招招见销量的营销常识 刘文新 著	如何让每一个营销动作都直指销量	适合中小企业，看了就能用
	我们的营销真案例 联纵智达研究院 著	五芳斋粽子从区域到全国/诺贝尔瓷砖门店销量提升/利豪家具出口转内销/汤臣倍健的营销模式	选择的案例都很有代表性，实在、实操！
	中国营销战实录：令人拍案叫绝的营销真案例 联纵智达 著	51个案例，42家企业，38万字，18年，累计2000余人次参与……	最真实的营销案例，全是一线记录，开阔眼界
	双剑破局：沈坤营销策划案例集 沈坤 著	双剑公司多年来的精选案例解析集，阐述了项目策划中每一个营销策略的诞生过程，策划角度和方法	一线真实案例，与众不同的策划角度令人拍案叫绝、受益匪浅
	宗：一位制造业企业家的思考 杨涛 著	1993年创业，引领企业平稳发展20多年，分享独到的心得体会	难得的一本老板分享经验的书
	简单思考：AMT咨询创始人自述 孔祥云 著	著名咨询公司（AMT）的CEO创业历程中点点滴滴的经验与思考	每一位咨询人、每一位创业者和管理经营者，都值得一读
	边干边学做老板 黄中强 著	创业20多年的老板，有经验、能写、又愿意分享，这样的书很少	处处共鸣，帮助中小企业老板少走弯路
	三四线城市超市如何快速成长：解密甘雨亭 IBMG国际商业管理集团 著	国内外标杆企业的经验+本土实践量化数据+操作步骤、方法	通俗易懂，行业经验丰富，宝贵的行业量化数据，关键思路和步骤
	中国首家未来超市：解密安徽乐城 IBMG国际商业管理集团 著	本书深入挖掘了安徽乐城超市的试验案例，为零售企业未来的发展提供了一条可借鉴之路	通俗易懂，行业经验丰富，宝贵的行业量化数据，关键思路和步骤

互联网+

	书名.作者	内容/特色	读者价值
互联网+	新营销 刘春雄 著	新营销的新框架体系是场景是产品逻辑，IP是品牌逻辑，社群是连接逻辑，传播是营销逻辑	助力品牌商实现由传统营销到新营销的理念和行动的跨越，助力企业打赢升级转型之仗
	企业微信营销全指导 孙巍 著	专门给企业看到的微信营销书，手把手教企业从小白到微信营销专家	企业想学微信营销现在还不晚，两眼一抹黑也不怕，有这本书就够

续表

互联网+	企业网络营销这样做才对:B2B 大宗 B2C 张 进 著	简单直白拿来就用,各种窍门信手拈来,企业网络营销不麻烦也不用再头疼,一般人不告诉他	B2B、大宗 B2C 企业有福了,看了就能学会网络营销
	互联网时代的银行转型 韩友诚 著	以大量案例形式为读者全面展示和分析了银行的互联网金融转型应对之道	结合本土银行转型发展案例的书籍
	正在发生的转型升级·实践 本土管理实践与创新论坛 著	企业在快速变革期所展现出的管理变革新成果、新方法、新案例	重点突出对于未来企业管理相关领域的趋势研判
	触发需求:互联网新营销样本·水产 何足奇 著	传统产业都在苦闷中挣扎前行,本书通过鲜活的案例告诉你如何以需求链整合供应链,从而把大家熟知的传统行业打碎了重构、重做一遍	全是干货,值得细读学习,并且作者的理论已经经过了他亲自操刀的实践检验,效果惊人,就在书中全景展示
	移动互联新玩法:未来商业的格局和趋势 史贤龙 著	传统商业、电商、移动互联,三个世界并存,这种新格局的玩法一定要懂	看清热点的本质,把握行业先机,一本书搞定移动互联网
	微商生意经:真实再现33个成功案例操作全程 伏泓霖 罗晓慧 著	本书为33个真实案例,分享案例主人公在做微商过程中的经验教训	案例真实,有借鉴意义
	阿里巴巴实战运营——14招玩转诚信通 聂志新 著	本书主要介绍阿里巴巴诚信通的十四个基本推广操作,从而帮助使用诚信通的用户及企业更好地提升业绩	基本操作,很多可以边学边用,简单易学
	阿里巴巴实战运营2:诚信通热卖技巧 聂嵘海 著	诚信通 TOP 商家赚钱的密码箱,手把手教你操作,拿来就用	图文并茂,内容齐全,直接可以对照使用
	抖音营销如何做:未来抖商 刘大贺 著	解密从0到1亿粉丝的实操路径,深度剖析抖音营销全系统策略	企业做抖音营销的第一书
	微商团队长:从入门到精通 罗品牌 著	由浅入深,涵盖微商团队长必学技能的方方面面	只要照着做,就能当好微商团队长
	互联网精准营销 蒋 军 著	怎么在互联网时代整体策划、包装品牌和产品,并在此基础上为企业设计商业模式,技术实现并运营落地	为有基础的小微企业(大企业的新项目)1年实现销售额过亿,2年对接资本,3年左右准 IPO
	今后这样做品牌:移动互联时代的品牌营销策略 蒋 军 著	与移动互联紧密结合,告诉你老方法还能不能用,新方法怎么用	今后这样做品牌就对了
	互联网+"变"与"不变":本土管理实践与创新论坛集萃·2016 本土管理实践与创新论坛 著	本土管理领域正在产生自己独特的理论和模式,尤其在移动互联时代,有很多新课题需要本土专家们一起研究	帮助读者拓宽眼界、突破思维
	创造增量市场:传统企业互联网转型之道 刘红明 著	传统企业需要用互联网思维去创造增量,而不是用电子商务去转移传统业务的存量	教你怎么在"互联网+"的海洋中创造实实在在的增量
	重生战略:移动互联网和大数据时代的转型法则 沈 拓 著	在移动互联网和大数据时代,传统企业转型如同生命体打算与再造,称之为"重生战略"	帮助企业认清移动互联网环境下的变化和应对之道
	画出公司的互联网进化路线图:用互联网思维重塑产品、客户和价值 李 蓓 著	18个问题帮助企业一步步梳理出互联网转型思路	思路清晰、案例丰富,非常有启发性
	7个转变,让公司3年胜出 李 蓓 著	消费者主权时代,企业该怎么办	这就是互联网思维,老板有能这样想,肯定倒不了
	跳出同质思维,从跟随到领先 郭 剑 著	66个精彩案例剖析,帮助老板突破行业长期思维惯性	做企业竟然有这么多玩法,开眼界

续表

行业类：零售、白酒、食品/快消品、农业、医药、建材家居等			
	书名．作者	内容/特色	读者价值
零售·超市·餐饮·服装	总部有多强大，门店就能走多远 IBMG 国际商业管理集团 著	如何把总部做强，成为门店的坚实后盾	了解总部建设的方法与经验
	超市卖场定价策略与品类管理 IBMG 国际商业管理集团 著	超市定价策略与品类管理实操案例和方法	拿来就能用的理论和工具
	连锁零售企业招聘与培训破解之道 IBMG 国际商业管理集团 著	围绕零售企业组织架构、培训体系建设等内容进行深刻探讨	破解人才发现和培养瓶颈的关键点
	中国首家未来超市：解密安徽乐城 IBMG 国际商业管理集团 著	介绍了乐城作为中国首家未来超市从无到有的传奇经历	了解新型零售超市的运作方式及管理特色
	三四线城市超市如何快速成长：解密甘雨亭 IBMG 国际商业管理集团 著	揭秘一家三四线连锁超市的经验策略	不但可以欣赏它的优点，而且可以学会它成功的方法
	新零售 新终端 迪智ези咨询团队 著	梳理和提炼新零售的系统打法，将之落地在新终端建设上	让新零售这一看似形而上的商业概念有了可以落地的立足点
	新零售动作分解：建材 家居 家具 盛斌子 著	第一本锁定在家居建材、家电家装等耐用消费品领域谈新零售的书	第一本谈新零售的具体动作、策略、方法、招术的书，拿来就用
	新零售进化趋势与未来格局 李政权 著	通过业态、品类、体验、场景等，逐一呈现新零售的未来进化	就新零售未来的发展方向与进化趋势给出一个确定性的未来
	涨价也能卖到翻 村松达夫［日］	提升客单价的 15 种实用、有效的方法	日本企业在这方面非常值得学习和借鉴
	移动互联下的超市升级 联商网专栏频道 著	深度解析超市转型升级重点	帮助零售企业把握全局、看清方向
	手把手教你做专业督导：专卖店、连锁店 熊亚柱 著	从督导的职能、作用，在工作中需要的专业技能、方法，都提供了详细的解读和训练办法，同时附有大量的表单工具	无论是店铺需要统一培训，还是个人想成为优秀的督导，有这一本就够了
	百货零售全渠道营销策略 陈继展 著	没有照本宣科、说教式的絮叨，只有笔者对行业的认知与理解，庖丁解牛式的逐项解析、展开	通俗易懂，花极少的时间快速掌握该领域的知识及趋势
	零售：把客流变成购买力 丁昀 著	如何通过不断升级产品和体验式服务来经营客流	如何进行体验营销，国外的好经营，这方面有启发
	餐饮企业经营策略第一书 吴坚 著	分别从产品、顾客、市场、盈利模式等几个方面，对现阶段餐饮企业的发展提出策略和思路	第一本专业的、高端的餐饮企业经营指导书
	餐饮新营销 杨勇 程绍珊 著	在新环境下，对餐饮营销管理进行了全面深入的解读，提供了方式方法	全面性、系统性，区别于市面上的纯操作类作品
	电影院的下一个黄金十年：开发·差异化·案例 李保煜 著	对目前电影院市场存大的问题及如何解决进行了探讨与解读	多角度了解电影院运营方式及代表性案例
	赚不赚钱靠店长·从懂管理到会经营 孙彩军 著	通过生动的案例来进行剖析，注重门店管理细节方面的能力提升	帮助终端门店店长在管理门店的过程中实现经营思路的拓展与突破
耐消品	商用车经销商运营实战 杜建君 王朝阳 章晓青 等著	从管理到经营，从销售到服务，系统化运作全指导	为经销商经营开阔思路，掌握方法
	汽车配件这样卖：汽车后市场销售秘诀 100 条 俞士耀 著	汽配销售业务员必读，手把手教授最实用的方法，轻松得来好业绩	快速上岗，专业实效，业绩无忧

续表

分类	书名/作者	内容简介	推荐语
耐消品	润滑油销售：这样说这样做更有效 张金荣　著	针对渠道、经销商、终端的超实用话术	上车看，下车用，3分钟就能学会。
耐消品	新经销：新零售时代，教你做大商 黄润霖　著	从选址、产品、促销、团队、规模阐述新经销变与不变的市场手法和操作思路	实地拜访近100位经销商在传统营销手法上的创新、新营销工具的发现
耐消品	珠宝黄金新营销 崔德乾　著	营销、品牌、产品、连接、场景、社群、服务、传播、管理及产业价值链	新营销在珠宝行业的实战应用，业内必备第一书
耐消品	跟行业老手学经销商开发与管理：家电、耐消品、建材家居 黄润霖　著	全部来源于经销商管理的一线问题，作者用丰富的经验将每一个问题落实到最便捷快速的操作方法上去	书中每一个问题都是普通营销人亲口提出的，这些问题你也会遇到，作者进行的解答则精彩实用
白酒	酒水饮料快消品餐饮渠道营销手册 朱伟杰　著	主要针对快消品（酒水、饮料）的餐饮渠道，提供了区域、商圈、不同业态的规划和促销安排等多种工具，并提出了经销商、批发商等相关人员的管理方法	一本酒水饮料如何在餐饮渠道销售的全能手册，内容深入翔实，可以直接照搬套用，这样的便利简直千金不换
白酒	白酒到底如何卖 赵海永　著	以市场实战为主，多层次、全方位、多角度地阐释了白酒一线市场操作的最新模式和方法，接地气	实操性强，37个方法、6大案例帮你成功卖酒
白酒	变局下的白酒企业重构 杨永华　著	帮助白酒企业从产业视角看清趋势，找准位置，实现弯道超车的书	行业内企业要减少90%，自己在什么位置，怎么做，都清楚了
白酒	1. 白酒营销的第一本书（升级版） 2. 白酒经销商的第一本书 唐江华　著	华泽集团湖南开口笑公司品牌部长，擅长酒类新品推广、新市场拓展	扎根一线，实战
白酒	区域型白酒企业营销必胜法则 朱志明　著	为区域型白酒企业提供35条必胜法则，在竞争中赢销的葵花宝典	丰富的一线经验和深厚积累，实操实用
白酒	10步成功运作白酒区域市场 朱志明　著	白酒区域操盘者必备，掌握区域市场运作的战略、战术、兵法	在区域市场的攻伐防守中运筹帷幄，立于不败之地
白酒	酒业转型大时代：微酒精选2014－2015 微酒　主编	本书分为五个部分：当年大事件、那些酒业营销工具、微酒独立策划、业内大调查和十大经典案例	了解行业新动态、新观点，学习营销方法
快消品·食品	中国快消品营销的这些年 史贤龙　著	作者精华文章的合集，一本书浓缩了过去十五年，中国营销的实战历程与前沿思考	快消品营销行业的案例和方法都原汁原味呈现，在反映当时风貌的同时，展望与反思
快消品·食品	营销中国茶：2小时读懂茶叶营销 史贤龙　著	从不同视角对中国的茶营销进行了思考，内容涉及中国茶产业战略困境、茶企规模化、茶品牌崛起、茶文化、茶营销、茶消费、茶零售、茶道等	内容丰富扎实，文字流畅，浓缩的都是精华，让你2小时读懂茶叶营销
快消品·食品	这样打造快消品标杆市场 罗宏文　著	帮助你解决如何成功打造标杆市场和进行持续增量管理两大问题	一套系统的方法论，通俗易懂，可以直接套用
快消品·食品	5小时读懂快消品营销：中国快消品案例观察 陈海超　著	多年营销经验的一线老手把案例掰开了、揉碎了，从中得出的各种手段和方法给读者以帮助和启发	营销那些事儿的个中秘辛，求人还不一定告诉你，这本书里就有
快消品·食品	快消品招商的第一本书：从入门到精通 刘雷　著	深入浅出，不说废话，有工具方法，通俗易懂	让零基础的招商新人快速学习书中最实用的招商技能，成长为骨干人才
快消品·食品	乳业营销第一书 侯军伟　著	对区域乳品企业生存发展关键性问题的梳理	唯一的区域乳营销书，区域乳品企业一定要看

续表

分类	书名	简介	评价
快消品·食品	金龙鱼背后的粮油帝国 余 盛 著	讲述金龙鱼品牌及母公司丰益国际的商业冒险故事	在精彩的阅读体验中学到营销管理的方法
	食用油营销第一书 余 盛 著	10多年油脂企业工作经验，从行业到具体实操	食用油行业第一书，当之无愧
	中国茶叶营销第一书 柏 龑 著	如何跳出茶行业"大文化小产业"的困境，作者给出了自己的观察和思考	不是传统做茶的思路，而是现在商业做茶的思路
	调味品企业八大必胜法则 张 戟 著	八大规律性的关键成功要素，背后都有本土调味品企业的成功实践	"观点阐述+案例描述"，行业必读
	调味品营销第一书 陈小龙 著	国内唯一一本调味品营销的书	唯一的调味品营销的书，调味品的从业者一定要看
	快消品营销人的第一本书：从入门到精通 刘 雷 伯建新 著	快消行业必读书，从入门到专业	深入细致，易学易懂
	变局下的快消品营销实战策略 杨永华 著	通胀了，成本增加，如何从被动应战变成主动的"系统战"	作者对快消品行业非常熟悉、非常实战
	快消品经销商如何快速做大 杨永华 著	本书完全从实战的角度，评述现象，解析误区，揭示原理，传授方法	为转型期的经销商提供了解决思路，指出了发展方向
	快消品营销：一位销售经理的工作心得2 蒋 军 著	快消品、食品饮料营销的经验之谈，重点图书	来源与实战的精华总结
	快消品营销与渠道管理 谭长春 著	将快消品标杆企业渠道管理的经验和方法分享出来	可口可乐、华润的一些具体的渠道管理经验，实战
	成为优秀的快消品区域经理（升级版） 伯建新 著	用"怎么办"分析区域经理的工作关键点，增加30%全新内容，更贴近环境变化	可以作为区域经理的"速成催化器"
	销售轨迹：一位快消品营销总监的拼搏之路 秦国伟 著	本书讲述了一个普通销售员打拼成为跨国企业营销总监的真实奋斗历程	激励人心，给广大销售员以力量和鼓舞
	快消老手都在这样做：区域经理操盘锦囊 方 刚 著	非常接地气，全是多年沉淀下来的干货，丰富的一线经验和实操方法不可多得	在市场摸爬滚打的"老油条"，那些独家绝招妙招一般你问都是问不来的
	动销四维：全程辅导与新品上市 高继中 著	从产品、渠道、促销和新品上市详细讲解提高动销的具体方法，总结作者18年的快消品行业经验，方法实操	内容全面系统，方法实操
农业	饲料营销有方法：策略 案例 工具 陈石平 著	跳出饲料看饲料，根据饲料营销的关键成功要素（KSF）提出7大核心命题	紧跟农牧产业发展大势，提高饲料企业营销竞争力
	新农资如何换道超车 刘祖轲 等著	从农业产业化、互联网转型、行业营销与经营突破四个方面阐述如何让农资企业占领先机、提前布局	南方略专家告诉你如何应对资源浪费、生产效率低下、产能严重过剩、价格与价值严重扭曲等
	中国牧场管理实战：畜牧业、乳业必读 黄剑黎 著	本书不仅提供了来自一线的实际经验，还收入了丰富的工具文档与表单	填补空白的行业必读作品
	中小农业企业品牌战法 韩 旭 著	将中小农业企业品牌建设的方法，从理论讲到实践，具有指导性	全面把握品牌规划，传播推广，落地执行的具体措施
	农资营销实战全指导 张 博 著	农资如何向"深度营销"转型，从理论到实践进行系统剖析，经验资深	朴实、使用！不可多得的农资营销实战指导
	农产品营销第一书 胡浪球 著	从农业企业战略到市场开拓、营销、品牌、模式等	来源于实践中的思考，有启发
	变局下的农牧企业9大成长策略 彭志雄 著	食品安全、纵向延伸、横向联合、品牌建设……	唯一的农牧企业经营实操的书，农牧企业一定要看

续表

	书名/作者	内容简介	推荐理由
医药	在中国,医药营销这样做:时代方略精选文集 段继东　主编	专注于医药营销咨询15年,将医药营销方法的精华文章合编,深入全面	可谓医药营销领域的顶尖著作,医药界读者的必读书
	医药新营销:制药企业、医药商业企业营销模式转型 史立臣　著	医药生产企业和商业企业在新环境下如何做营销?老方法还有没有用?如何寻找新方法?新方法怎么用?本书给你答案	内容非常现实接地气,踏实谈问题说方法
	医药企业转型升级战略 史立臣　著	药企转型升级有5大途径,并给出落地步骤及风险控制方法	实操性强,有作者个人经验总结及分析
	新医改下的医药营销与团队管理 史立臣　著	探讨新医改对医药行业的系列影响和医药团队管理	帮助理清思路,有一个框架
	医药营销与处方药学术推广 马宝琳　著	如何用医学策划把"平民产品"变成"明星产品"	有真货、讲真话的作者,堪称处方药营销的经典!
	医药行业大洗牌与药企创新 林延君　沈斌　著	一方面,围绕着变革,多角度阐述药企的应对之道;另一方面,紧扣实践,介绍近百家医药企业创新实践案例	医改变革10年,医药企业如何应对大洗牌?重磅出击的药企人必读书
	新医改了,药店就要这样开 尚锋　著	药店经营、管理、营销全攻略	有很强的实战性和可操作性
	电商来了,实体药店如何突围 尚锋　著	电商崛起,药店该如何突围?本书从促销、会员服务、专业性、客单价等多重角度给出了指导方向	实战攻略,拿来就能用
	OTC医药代表药店销售36计 鄢圣安　著	以《三十六计》为线,写OTC医药代表向药店销售的一些技巧与策略	案例丰富,生动真实,实操性强
	OTC医药代表药店开发与维护 鄢圣安　著	要做到一名专业的医药代表,需要做什么、准备什么、知识储备、操作技巧等	医药代表药店拜访的指导手册,手把手教你快速上手
	引爆药店成交率1:店员导购实战 范月明　著	一本书解决药店导购所有难题	情景化、真实化、实战化
	引爆药店成交率2:经营落地实战 范月明　著	最接地气的经营方法全指导	揭示了药店经营的几类关键问题
	引爆药店成交率:专业化销售解决方案 范月明　著	药品搭配分析与关联销售	为药店人专业化助力
	处方药合规推广实战宝典 赵佳震　著	推广体系搭建、推广人员岗位工作内容、推广服务外包商管理等六个方面	解决"医药代表转型"和"推广服务外包商管理"的困惑
	医药代理商实操全指导:新环境　新战法 戴文杰　著	结合医药市场政策环境解读新环境下医药招商的战法,着重分析药品产业链的盈利机会	医药销售业务人员的必备读物
	攻略基层诊所:医药营销这样做 张江民　著	对基层诊所的开发、维护和动销,拿来就用的方式方法	实战是本书的主旨,只要用心去看,就能在基层诊所市场中运用
	互联网医药的未来 动脉网　编著	介绍了互联网医药发展的现状与趋势	帮助创业者和投资人看清未来,把握当下
	处方药零售这样做 田军　著	阐述了处方药零售的重要性,以及做处方药零售市场的具体措施和方法	系统性了解和掌握处方药零售方法
建材家居	成为最赚钱的家具建材经销商 李治江　著	从销售模式、产品、门店等老板们最关注和最需要的方面解决问题、提供方法	只要你是建材、家具、家居用品的经销商老板,这就是一本必读的书
	定制家居黄金十年 韩锋　翁长华　著	梳理了定制家居的商业模式和发展情况	帮助定制家居看清方向,把握当下
	家具建材促销与引流 薛亮　李永峰　著	十大促销模式的详细方法和工具	让你天天签大单

续表

建材家居	家具行业操盘手 王献永 著	家具行业问题的终结者	解决了千家具还有没有前途？为什么同城多店的家具经销商很难做大做强等问题
	建材家居营销：除了促销还能做什么 孙嘉晖 著	一线老手的深度思考，告诉你在建材家居营销模式基本停滞的今天，除了促销，营销还能怎么做	给你的想法一场革命
	建材家居营销实务 程绍珊 杨鸿贵 主编	价值营销运用到建材家居，每一步都让客户增值	有自己的系统、实战
	家居建材门店6力爆破 贾同领 著	合盘道出一线品牌销量秘籍	6力招招见血，既有招数，又有策略
	建材家居门店销量提升 贾同领 著	店面选址、广告投放、推广助销、空间布局、生动展示、店面运营等	门店销量提升是一个系统工程，非常系统、实战
	10步成为最棒的建材家居门店店长 徐伟泽 著	实际方法易学易用，让员工能够迅速成长，成为独当一面的好店长	只要坚持这样干，一定能成为好店长
	手把手帮建材家居导购业绩倍增：成为顶尖的门店店员 熊亚柱 著	生动的表现形式，让普通人也能成为优秀的导购员，让门店业绩长红	读着有趣，用着简单，一本在手、业绩无忧
	建材家居经销商实战42章经 王庆云 著	告诉经销商：老板怎么当、团队怎么带、生意怎么做	忠言逆耳，看着不舒服就对了，实战总结，用一招半式就值了
工业品	销售是门专业活：B2B、工业品 陆和平 著	销售流程就应该跟着客户的采购流程和关注点的变化向前推进，将一个完整的销售过程分成十个阶段，提供具体方法	销售不是请客吃饭拉关系，是个专业的活计！方法在手，走遍天下不愁
	解决方案营销实战案例 刘祖轲 著	用10个真案例讲明白什么是工业品的解决方案式营销，实战、实用	有干货，真正操作过的才能写得出来
	变局下的工业品企业7大机遇 叶敦明 著	产业链条的整合机会、盈利模式的复制机会、营销红利的机会、工业服务商转型机会……	工业品企业还可以这样做，思维大突破
	工业品市场部实战全指导 杜忠 著	工业品市场部经理工作内容全指导	系统、全面、有理论、有方法，帮助工业品市场部经理更快提升专业能力
	工业品营销管理实务 李洪道 著	中国特色工业品营销体系的全面深化、工业品营销管理体系优化升级	工具更实战，案例更鲜活，内容更深化
	工业品企业如何做品牌 张东利 著	为工业品企业提供最全面的品牌建设思路	有策略、有方法、有思路、有工具
	丁兴良讲工业4.0 丁兴良 著	没有枯燥的理论和说教，用朴实直白的语言告诉你工业4.0的全貌	工业4.0是什么？本书告诉你答案
	资深大客户经理：策略准，执行狠 叶敦明 著	从业务开发、发起攻势、关系培育、职业成长四个方面，详述了大客户营销的精髓	满满的全是干货
	两化融合管理系统贯标流程与方法 戴勇 张华杰 张百荣 编著	全面梳理贯标流程和方法	帮助企业成功贯标
	一切为了订单：订单驱动下的工业品营销实战 唐道明 著	其实，所有的企业都在围绕着两个字在开展全部的经营和管理工作，那就是"订单"	开发订单、满足订单、扩大订单。本书全是实操方法，字字珠玑、句句干货，教你获得营销的胜利
金融	交易心理分析 (美)马克·道格拉斯 著 刘真如 译	作者一语道破赢家的思考方式，并提供了具体的训练方法	不愧是投资心理的第一书，绝对经典
	精品银行管理之道 崔海鹏 何屹 主编	中小银行转型的实战经验总结	中小银行的教材很多，实战类的书很少，可以看看

续表

类别	书名·作者	内容/特色	读者价值
金融	支付战争 Eric M. Jackson 著 徐彬 王晓 译	PayPal创业期营销官,亲身讲述PayPal从诞生到壮大到成功出售的整个历史	激烈、有趣的内幕商战故事!了解美国支付市场的风云巨变
	中外并购名著专业阅读指南 叶兴平 等著	在5000多本并购类图书中精选的200著作,在阅读的基础上写的读书评价	精挑细选200本并一一评介,省去读者挑选的烦恼,快捷、高效
	新三板信息披露全流程:操作与工具 和珩科技 著	详细拆解董秘日常工作过程中所需的信息披露流程	董秘案头必备用书
	成功并购300本:一本书搞定并购难题 浩德军师并购联盟 著	从财务、税务、法律等角度详细解答疑问	能解决80%的并购问题
	互联网时代的银行转型 韩友诚 著	以大量案例形式为读者全面展示和分析了银行的互联网金融转型应对之道	结合本土银行转型发展案例的书籍
房地产	产业园区/产业地产规划、招商、运营实战 阎立忠 著	目前中国第一本系统解读产业园区和产业地产建设运营的实战宝典	从认知、策划、招商到运营全面了解地产策划
	人文商业地产策划 戴欣明 著	城市与商业地产战略定位的关键是不可复制性,要发现独一无二的"味道"	突破千城一面的策划困局
	中国城市群房地产投资策略 吕俊博 著	全方位、多角度分析城市群地产现状是趋势	让亿元资产投资更理性、更安全
	电影院的下一个黄金十年:开发·差异化·案例 李保煜 著	对目前电影院市场存大的问题及如何解决进行了探讨与解读	多角度了解电影院运营方式及代表性案例
能源	全能型班组:城市能源互联网与电力班组升级 国网天津市电力公司 编著	借鉴国内外优秀企业的转型升级思路,通过对于新型班组组织模式和运行机制的大胆设想,力图构建充分适应内外环境变化的全能型班组	看看庞大的国企在新环境下是如何顺应时代的
	国网天津电力全能型班组建设实务 国网天津市电力公司 编著	本书聚焦于天津电力公司在探索全能型班组转型升级时的优秀实践	电力行业的班组实践,具体、可操作性强

经营类:企业如何赚钱,如何抓机会,如何突破,如何"开源"

类别	书名·作者	内容/特色	读者价值
抓方向	让经营回归简单.升级版 宋新宇 著	化繁为简抓住经营本质:战略、客户、产品、员工、成长	经典,做企业就这几个关键点!
	混沌与秩序Ⅰ:变革时代企业领先之道 混沌与秩序Ⅱ:变革时代管理新思维 彭剑锋 尚艳玲 主编	汇集华夏基石专家团队10年来研究成果,集中选择了其中的精华文章编纂成册	作者都是既有深厚理论积淀又有实践经验的重磅专家,为中国企业和企业家的未来提出了高屋建瓴的观点
	活系统:跟任正非学当老板 孙行健 尹贤 著	以任正非的独到视角,教企业老板如何经营公司	看透公司经营本质,激活企业活力
	重构:快消品企业重生之道 杨永华 著	从7个角度,帮助企业实现系统性的改造	提供转型思想与方法,值得参考
	公司由小到大要过哪些坎 卢强 著	老板手里的一张"企业成长路线图"	现在我在哪儿,未来还要走哪些路,都清楚了
	企业二次创业成功路线图 夏惊鸣 著	企业曾经抓住机会成功了,但下一步该怎么办?	企业怎样获得第二次成功,心里有个大框架了
	老板经理人双赢之道 陈明 著	经理人怎养选平台、怎么开局,老板怎样选/育/用/留	老板生闷气,经理人牢骚大,这次知道该怎么办了

续表

抓方向	简单思考：AMT 咨询创始人自述 孔祥云　著	著名咨询公司（AMT）的 CEO 创业历程中点点滴滴的经验与思考	每一位咨询人，每一位创业者和管理经营者，都值得一读
	企业文化的逻辑 王祥伍　黄健江　著	为什么企业绩效如此不同，解开绩效背后的文化密码	少有的深刻，有品质，读起来很流畅
	使命驱动企业成长 高可为　著	钱能让一个人今天努力，使命能让一群人长期努力	对于想做事业的人，'使命'是绕不过去的
思维突破	盈利原本就这么简单 高可为　著	从财务的角度揭示企业盈利的秘密	多方面解读商业模式与盈利的关系，通俗易懂，受益匪浅
	经营：打造你的盈利系统 高可为　著	从盈利角度梳理了系统化的经营方式	让企业掌舵者把控经营全局
	创模式：23 个行业创新案例 段传敏　著	23 位行业精英的创新对话	创业者、转型者的实战参考
	企业良性成长：用顶层设计突破瓶颈 刘建兆　著	全方位介绍企业顶层设计的方法和思路	帮助企业用顶层设计突破成长瓶颈
	移动互联新玩法：未来商业的格局和趋势 史贤龙　著	传统商业、电商、移动互联，三个世界并存，这种新格局的玩法一定要懂	看清热点的本质，把握行业先机，一本书搞定移动互联网
	画出公司的互联网进化路线图：用互联网思维重塑产品、客户和价值 李蓓　著	18 个问题帮助企业一步步梳理出互联网转型思路	思路清晰、案例丰富，非常有启发性
	重生战略：移动互联网和大数据时代的转型法则 沈拓　著	在移动互联网和大数据时代，传统企业转型如同生命体打算与再造，称之为"重生战略"	帮助企业认清移动互联网环境下的变化和应对之道
	创造增量市场：传统企业互联网转型之道 刘红明　著	传统企业需要用互联网思维去创造增量，而不是用电子商务去转移传统业务的存量	教你怎么在"互联网+"的海洋中创造实实在在的增量
	7 个转变，让公司 3 年胜出 李蓓　著	消费者主权时代，企业该怎么办	这就是互联网思维，老板有能这样想，肯定倒不了
	跳出同质思维，从跟随到领先 郭剑　著	66 个精彩案例剖析，帮助老板突破行业长期思维惯性	做企业竟然有这么多玩法，开眼界
	互联网+"变"与"不变"：本土管理实践与创新论坛集萃·2016 本土管理实践与创新论坛　著	加速本土管理思想的孕育诞生，促进本土管理创新成果更好地服务企业、贡献社会	各个作者本年度最新思想，帮助读者拓宽眼界、突破思维
	消费升级：实践　研究（文集） 本土管理实践与创新论坛　著	38 位管理专家及 7 位学者的精华思想，从经营、管理、行业及思想研究四个方面阐述中国企业在消费升级下的实践与研究	思想启发，行业借鉴
财务	写给企业家的公司与家庭财务规划——从创业成功到富足退休 周荣辉　著	本书以企业的发展周期为主线，写各阶段企业与企业主家庭的财务规划	为读者处理人生各阶段企业与家庭的财务问题提供建议及方法，让家庭成员真正享受财富带来的益处
	互联网时代的成本观 程翔　著	本书结合互联网时代提出了成本的多维观，揭示了多维组合成本的互联网精神和大数据特征，论述了其产生背景、实现思路和应用价值	在传统成本观下为盈利的业务，在新环境下也许就成为亏损业务。帮助管理者从新的角度来看待成本，进一步做好精益管理

续表

财务	财报背后的投资机会 蒋豹 著	以具体的公司案例分析,教你迅速看出财务报表与企业经营的关系、所反映的企业经营现状,从而找到投资机会	前四大会计所员工为读者解密财报,发现投资机会
管理类:效率如何提升,如何实现经营目标,如何"节流"			
	书名.作者	内容/特色	读者价值
通用管理	让管理回归简单·升级版 宋新宇 著	从目标、组织、决策、授权、人才和老板自己层面教你怎样做管理	帮助管理抓住管理的要害,让管理变得简单
	让经营回归简单·升级版 宋新宇 著	从战略、客户、产品、员工、成长、经营者自身等七个方面,归纳总结出简单有效的经营法则	总结出的真正优秀企业的成功之道:简单
	让用人回归简单 宋新宇 著	从用人的原则、用人的难题与误区、用人的方法和用人者的修炼四大方面,总结出适合中小企业做好人才管理工作的法则	帮助管理者抓住用人的要害,让用人变得简单
	历史深处的管理智慧1:组织建设与用人之道 刘文瑞 著	对历史之典故、政事、人事、政制进行管理解析,鉴照企业人才的选用育留	推动理论与实践的对接,实现理性与情感的渗透,用中国话语说明管理智慧
	历史深处的管理智慧2:战略决策与经营运作 刘文瑞 著	对历史之典故、政事、人事、政制进行管理解析,鉴照企业战略设计与经营实践	推动理论与实践的对接,实现理性与情感的渗透,用中国话语说明管理智慧
	历史深处的管理智慧3:领导修炼与文化素养 刘文瑞 著	对历史之典故、政事、人事、政制进行管理解析,鉴照企业领导职业能力提升与文化修养	推动理论与实践的对接,实现理性与情感的渗透,用中国话语说明管理智慧
	管理的尺度 刘文瑞 著	对管理中的种种普遍性问题进行了批评	提高把握管理尺度的能力
	管理学在中国 刘文瑞 著	系统性介绍了管理学在中国的发展和演变	了解管理学在中国的发展脉络,更清晰理解管理学的本质
	看电影,懂管理 刘文瑞 著	16部经典电影,带你感悟管理智慧	能够帮助读者放松身心,驰骋想象,在不知不觉中增长智慧
	管理:以规则驾驭人性 王春强 著	详细解读企业规则的制定方法	从人与人博弈角度提升管理的有效性
	打造集成供应链:走出挂一漏十的改善困境 王春强 著	详解集成供应链全过程	帮助企业优化供应链管理
	用好骨干员工:关键人才培养与激励 王敏 著	系统化分享关键人才打造与激励方法	企业能实现用人的最大化价值
	改变世界的管理学大师1:管理学的前世今生 刘文瑞 编著	介绍了古典管理学时期的大师事迹和思想	深入了解管理大师们的思想和智慧
	成为企业欢迎的咨询师 张国祥 著	从调研到落地,手把手教你咨询流程	不走弯路,方便直接的学到老咨询师的套路
	员工心理学超级漫画版 邢雷 著	以漫画的形式深度剖析员工心理	帮助管理者更了解员工,从而更轻松地管理员工
	老板有想法,高层有干法:企业中的将帅之道 王清华 著	深入剖析老板与高管的异同	各司其职,各行其是,相辅相成
	分股合心:股权激励这样做 段磊 周剑 著	通过丰富的案例,详细介绍了股权激励的知识和实行方法	内容丰富全面,易读易懂,了解股权激励,有这一本就够了
	边干边学做老板 黄中强 著	创业20多年的老板,有经验、能写、又愿意分享,这样的书很少	处处共鸣,帮助中小企业老板少走弯路

续表

通用管理	成为敏感而体贴的公司 王 涛 著	本书为作者对企业的观察和冥想的随笔记录。从生活中的一个现象入手,进而探索现象背后的本质	从全新角度认识公司
	中国企业的觉醒:正直 善良 成长 王 涛 著	围绕着企业人如何发生转化展开,对中国人、中国文化及由此导致的企业现状的观察和思考	企业除了要利润,还需要道德
	有意识的思考:轻松化解问题的7个思考习惯 王 涛 著	本书是对思想、思考过程、思考方式进行的细致观察	养成好的思考习惯,更深刻地看问题
	中国式阿米巴落地实践之从交付到交易 胡八一 著	本书主要讲述阿米巴经营会计,"从交付到交易",这是成功实施了阿米巴的标志	阿米巴经营会计的工作是有逻辑关联的,一本书就能搞定
	中国式阿米巴落地实践之激活组织 胡八一 著	重点讲解如何科学划分阿米巴单元,阐述划分的实操要领、思路、方法、技术与工具	最大限度减少"推行风险"和"摸索成本",利于公司成功搭建适合自身的个性化阿米巴经营体系
	中国式阿米巴落地实践之持续盈利 胡八一 著	把企业做成平台,企业才能做大(格局);把平台做成阿米巴,企业才能做强(专业);把阿米巴做成合伙制,企业才能做久(机制)	中国式阿米巴落地实践三部曲的最后一部,告诉你企业如何做大做强做久
	集团化企业阿米巴实战案例 初勇钢 著	一家集团化企业阿米巴实施案例	指导集团化企业系统实施阿米巴
	阿米巴经营的中国模式 李志华 著	让员工从"要我干"到"我要干",价值量化出来	阿米巴在企业如何落地,明白思路了
	欧博心法:好管理靠修行 曾 伟 著	用佛家的智慧,深刻剖析管理问题,见解独到	如果真的有'中国式管理',曾老师是其中标志性人物
	领导这样点燃你的下属 孟广桥 著	领导者如何才能让员工积极主动地工作?如何让你的员工和下属保持工作的热情,自动自发?看了这本书就知道	只要你希望手下的"兵将"永远充满工作的斗志,这本书将使你获益良多
流程管理	1. 用流程解放管理者 2. 用流程解放管理者2 张国祥 著	中小企业阅读的流程管理、企业规范化的书	通俗易懂,理论和实践的结合恰到好处
	跟我们学建流程体系 陈立云 著	畅销书《跟我们学做流程管理》系列,更实操,更细致,更深入	更多地分享实践,分享感悟,从实践总结出来的方法论
	人人都要懂流程 金国华 余雅丽 著	当前各企业流程管理方面最为典型的痛点现象及问题案例	通俗易懂,适合企业全员阅读
质量管理	IATF16949质量管理体系详解与案例文件汇编:TS16949转版IATF16949:2016 谭洪华 著	针对IATF的新标准做了详细的解说,同时指出了一些推行中容易犯的错误,提供了大量的表单、案例	案例、表单丰富,拿来就用
	五大质量工具详解及运用案例:APQP/FMEA/PPAP/MSA/SPC 谭洪华 著	对制造业必备的五大质量工具中每个文件的制作要求、注意事项、制作流程、成功案例等进行了解读	通俗易懂、简便易行,能真正实现学以致用
	ISO9001:2015新版质量管理体系详解与案例文件汇编 谭洪华 著	紧密围绕2015年新版质量管理体系文件逐条详细解读,并提供可以直接套用的案例工具,易学易上手	企业质量管理认证、内审必备
	ISO14001:2015新版环境管理体系详解与案例文件汇编 谭洪华 著	紧密围绕2015年新版环境管理体系文件逐条详细解读,并提供可以直接套用的案例工具,易学易上手	企业环境管理认证、内审必备

续表

质量管理	ISO9001:2015 完整文件汇编：制造业 贺红喜 著	按照 ISO9001 标准并超出标准的要求，提供了一套完整的制造业的质量管理体系文件	原汁原味完整收入，直接可以拿来就用
	SA8000:2014 社会责任管理体系认证实战 吕 林 著	作者根据自己的操作经验，按认证的流程，以相关案例进行说明 SA8000 认证体系	简单，实操性强，拿来就能用
	精益质量管理实战工具 贺小林 著	制造类企业日常工作中所需要的精益管理工具的归纳整理，并进行案例操作的细致分析	可以直接参考，实际解决生产中的具体问题
战略落地	重生——中国企业的战略转型 施 炜 著	从前瞻和适用的角度，对中国企业战略转型的方向、路径及策略性举措提出了一些概要性的建议和意见	对企业有战略指导意义
	公司大了怎么管：从靠英雄到靠组织 AMT 金国华 著	第一次详尽阐释中国快速成长型企业的特点、问题及解决之道	帮助快速成长型企业领导及管理团队理清思路，突破瓶颈
	低效会议怎么改：每年节省一半会议成本的秘密 AMT 王玉荣 著	教你如何系统规划公司的各级会议，一本工具书	教会你科学管理会议的办法
	年初订计划，年尾有结果：战略落地七步成诗 AMT 郭晓 著	7 个步骤教会你怎么让公司制定的战略转变为行动	系统规划，有效指导计划实现
人力资源	HRBP 是这样炼成的之"菜鸟起飞" 新 海 著	以小说的形式，具体解析 HRBP 的职责，应该如何操作，如何为业务服务	实践者的经验分享，内容实务具体，形式有趣
	HRBP 是这样炼成的之中级修炼 新 海 著	本书以案例故事的方式，介绍了 HRBP 在实际工作中碰到的问题和挑战	书中的 HR 解决方案讲究因时因地制宜、简单有效的原则，重在启发读者思路，可供各类企业 HRBP 借鉴
	HRBP 是这样炼成的之高级修炼 新 海 著	以故事的形式，展现了 HRBP 工作者在职业发展路上的层层深入和递进	为读者提供 HRBP 在实际工作中遇到种种问题的解决方案
	新任 HR 高管如何从 0 到 1 黄渊明 著	全景式展现新任高管华丽转身全过程	助力新任高管安全着陆
	HR 的劳动法内参 李皓楠 著	100 个劳动法案例和分析	轻松掌握劳动法知识，方便运用
	把面试做到极致：首席面试官的人才甄选法 孟广桥 著	作者用自己几十年的人力资源经验总结出的一套实用的确定岗位招聘标准、提升面试官技能素质的简便方法	面试官必备，没有空泛理论，只有巧妙的实操技能
	人力资源体系与 e-HR 信息化建设 刘书生 陈 莹 王美佳 著	将作者经历的人力资源管理变革、人力资源管理信息化咨询项目方法论、工具和成果全面展现给读者，使大家能够将其快速应用到管理实践中	系统性非常强，没有废话，全部是浓缩的干货
	回归本源看绩效 孙 波 著	让绩效回顾"改进工具"的本源，真正为企业所用	确实是来源于实践的思考，有共鸣
	世界 500 强资深培训经理人教你做培训管理 陈 锐 著	从 7 大角度具体细致地讲解了培训管理的核心内容	专业、实用、接地气

续表

	书名/作者	内容简介	推荐语
人力资源	曹子祥教你做激励性薪酬设计 曹子祥 著	以激励性为指导,系统性地介绍了薪酬体系及关键岗位的薪酬设计模式	深入浅出,一本书学会薪酬设计
	曹子祥教你做绩效管理 曹子祥 著	复杂的理论通俗化,专业的知识简单化,企业绩效管理共性问题的解决方案	轻松掌握绩效管理
	把招聘做到极致 远鸣 著	作为世界500强高级招聘经理,作者数十年招聘经验的总结分享	带来职场思考境界的提升和具体招聘方法的学习
	人才评价中心·超级漫画版 邢雷 著	专业的主题,漫画的形式,只此一本	没想到一本专业的书,能写成这效果
	走出薪酬管理误区 全怀周 著	剖析薪酬管理的8大误区,真正发挥好枢纽作用	值得企业深读的实用教案
	集团化人力资源管理实践 李小勇 著	对搭建集团化的企业很有帮助,务实,实用	最大的亮点不是理论,而是结合实际的深入剖析
	我的人力资源咨询笔记 张伟 著	管理咨询师的视角,思考企业的HR管理	通过咨询师的眼睛对比很多企业,有启发
	本土化人力资源管理8大思维 周剑 著	成熟HR理论,在本土中小企业实践中的探索和思考	对企业的现实困境有真切体会,有启发
企业文化	36个拿来就用的企业文化建设工具 海融心胜 主编	数十个工具,为了方便拿来就用,每一个工具都严格按照工具属性、操作方法、案例解读划分,实用、好用	企业文化工作者的案头必备书,方法都在里面,简单易操作
	企业文化建设超级漫画版 邢雷 著	以漫画的形式系统教你企业文化建设方法	轻松易懂好操作
	华夏基石方法:企业文化落地本土实践 王祥伍 谭俊峰 著	十年积累、原创方法、一线资料,和盘托出	在文化落地方面真正有洞察,有实操价值的书
	企业文化的逻辑 王祥伍 著	为什么企业之间如此不同,解开绩效背后的文化密码	少有的深刻,有品质,读起来很流畅
	企业文化激活沟通 宋梓宸 安琪 著	透过新任HR总经理的眼睛,揭示出沟通与企业文化的关系	有实际指导作用的文化落地读本
	在组织中绽放自我:从专业化到职业化 朱仁健 王祥伍 著	个人如何融入组织,组织如何助力个人成长	帮助企业员工快速认同并投入到组织中去,为企业发展贡献力量
	企业文化定位·落地一本通 王明胤 著	把高深枯燥的专业理论创建成一套系统化、实操化、简单化的企业文化缔造方法	对企业文化不了解,不会做?有这一本从概念到实操,就够了
生产管理	精益思维:中国精益如何落地 刘承元 著	笔者二十余年企业经营和咨询管理的经验总结	中国企业需要灵活运用精益思维,推动经营要素与管理机制的有机结合,推动企业管理向前发展
	300张现场图看懂精益5S管理 乐涛 编著	5S现场实操详解	案例图解,易懂易学
	高员工流失率下的精益生产 余伟辉 著	中国的精益生产必须面对和解决高员工流失率问题	确实来源于本土的工厂车间,很务实
	车间人员管理那些事儿 岑立聪 著	车间人员管理中处理各种"疑难杂症"的经验和方法	基层车间管理者最闹心、头疼的事,'打包'解决

续表

生产管理	1. 欧博心法:好管理靠修行 2. 欧博心法:好工厂这样管 曾　伟　著	他是本土最大的制造业管理咨询机构创始人,他从400多个项目、上万家企业实践中锤炼出的欧博心法	中小制造型企业,一定会有很强的共鸣
	欧博工厂案例1:生产计划管控对话录 欧博工厂案例2:品质技术改善对话录 欧博工厂案例3:员工执行力提升对话录 曾　伟　著	最典型的问题、最详尽的解析,工厂管理9大问题27个经典案例	没想到说得这么细,超出想象,案例很典型,照搬都可以了
	工厂管理实战工具 欧博企管　编著	以传统文化为核心的管理工具	适合中国工厂
	苦中得乐:管理者的第一堂必修课 曾　伟　编著	曾伟与师傅大愿法师的对话,佛学与管理实践的碰撞,管理禅的修行之道	用佛学最高智慧看透管理
	比日本工厂更高效1:管理提升无极限 刘承元　著	指出制造型企业管理的六大积弊;颠覆流行的错误认知;掌握精益管理的精髓	每一个企业都有自己不同的问题,管理没有一剑封喉的秘笈,要从现场、现物、现实出发
	比日本工厂更高效2:超强经营力 刘承元　著	企业要获得持续盈利,就要开源和节流,即实现销售最大化,费用最小化	掌握提升工厂效率的全新方法
	比日本工厂更高效3:精益改善力的成功实践 刘承元　著	工厂全面改善系统有其独特的目的取向特征,着眼于企业经营体质(持续竞争力)的建设与提升	用持续改善力来飞速提升工厂的效率,高效率能够带来意想不到的高效益
	3A顾问精益实践1:IE与效率提升 党新民　苏迎斌　蓝旭日　著	系统的阐述了IE技术的来龙去脉以及操作方法	使员工与企业持续获利
	3A顾问精益实践2:JIT与精益改善 肖志军　党新民　著	只在需要的时候,按需要的量,生产所需的产品	提升工厂效率
	化工企业工艺安全管理实操 黄　娜　编著	化工企业工艺安全管理全指导	帮助企业树立安全意识,强化安全管理方法
	手把手教你做专业的生产经理 黄　娜　著	物流、信息流、资金流,让生产经理管理有抓手	从菜鸟到能把控全局
员工素质提升	TTT培训师精进三部曲(上):深度改善现场培训效果 廖信琳　著	现场把控不用慌,这里有妙招一用就灵	课程现场无论遇到什么样的情况都能游刃有余
	TTT培训师精进三部曲(中):构建最有价值的课程内容 廖信琳　著	这样做课程内容,学员有收获培训师也有收获	优质的课程内容是树立个人品牌的保证
	TTT培训师精进三部曲(下):职业功力沉淀与修为提升 廖信琳　著	从内而外提升自己,职业的道路一帆风顺	走上职业TTT内训师的康庄大道
	培训师,如何让你的事业长青:自我管理的10项法则 廖信琳　著	建立了一套完整的培训师自我管理体系,为培训师的职业成长与发展提供有益的指引	培训师如何在自己的职业道路上越走越高,事业长青,一直有所收获与成长?本书将给你答案
	管理咨询师的第一本书:百万年薪　千万身价 熊亚柱　著	从问题出发,发现问题、分析问题、解决问题,让两眼一抹黑的新人快速成长	管理咨询师初入职场,让这本书开启百万年薪之路

续表

分类	书名·作者	内容/特色	读者价值
员工素质提升	手把手教你做专业督导：专卖店、连锁店 熊亚柱 著	从督导的职能、作用，在工作中需要的专业技能、方法，都提供了详细的解读和训练办法，同时附有大量的表单工具	无论是店铺需要统一培训，还是个人想成为优秀的督导，有这一本就够了
	跟老板"偷师"学创业 吴江萍 余晓雷 著	边学边干，边观察边成长，你也可以当老板	不同于其他类型的创业书，让你在工作中积累创业经验，一举成功
	销售轨迹：一位快消品营销总监的拼搏之路 秦国伟 著	本书讲述了一个普通销售员打拼成为跨国企业营销总监的真实奋斗历程	激励人心，给广大销售员以力量和鼓舞
	在组织中绽放自我：从专业化到职业化 朱仁健 王祥伍 著	个人如何融入组织，组织如何助力个人成长	帮助企业员工快速认同并投入到组织中去，为企业发展贡献力量
	企业员工弟子规：用心做小事，成就大事业 贾同领 著	从传统文化《弟子规》中学习企业中为人处事的办法，从自身做起	点滴小事，修养自身，从自身的改善得到事业的提升
	手把手教你做顶尖企业内训师：TTT培训师宝典 熊亚柱 著	从课程研发到现场把控、个人提升都有涉及，易读易懂，内容丰富全面	想要做企业内训师的员工有福了，本书教你如何抓住关键，从入门到精通
	28天速成文案高手 秦士 安丽 著	解构优秀品牌和出彩文案背后的逻辑，28天循序渐进成为文案高手	让优质文案变成"智慧工厂"般的工序管理与稳定出品
	让投诉顾客满意离开：客户投诉应对与管理 孟广桥 著	立足于投诉处理的实践，剖析了不同投诉者投诉的特点和应对措施，并提供各种技巧方法、赢得客户信赖所需培养的品质修炼、处理投诉应掌握的法律法规等工具	是投诉处理人员适应岗位职能需要、提升工作技能的良师益友，是企业变诉为金、培养业务骨干的法宝

营销类：把客户需求融入企业各环节，提供"客户认为"有价值的东西

分类	书名·作者	内容/特色	读者价值
营销模式	精品营销战略 杜建君 著	以精品理念为核心的精益战略和营销策略	用精品思维赢得高端市场
	变局下的营销模式升级 程绍珊 叶宁 著	客户驱动模式、技术驱动模式、资源驱动模式	很多行业的营销模式被颠覆，调整的思路有了！
	动销操盘：节奏掌控与社群时代新战法 朱志明 著	在社群时代把握好产品生产销售的节奏，解析动销的症结，寻找动销的规律与方法	都是易读易懂的干货！对动销方法的全面解析和操盘
	弱势品牌如何做营销 李政权 著	中小企业虽有品牌但没名气，营销照样能做的有声有色	没有丰富的实操经验，写不出这么具体、详实的案例和步骤，很有启发
	老板如何管营销 史贤龙 著	高段位营销16招，好学好用	老板能看，营销人也能看
	洞察人性的营销战术：沈坤教你28式 沈坤 著	28个匪夷所思的营销怪招令人拍案叫绝，涉及商业竞争的方方面面，大部分战术可以直接应用到企业营销中	各种谋略得益于作者的横向思维方式，将其操作过的案例结合其中，提供的战术对读者有参考价值
	动销：产品是如何畅销起来的 吴江萍 余晓雷 著	真真切切告诉你，产品究竟怎么才能卖出去	击中痛点，提供方法，你值得拥有
	1000铁杆女粉丝 张兵武 著	连接是女性与生俱来的特质。能善用连接的营销人员，就像拿到打开女性荷包的钥匙	重新认识女性的传播力量
	360°谈营销：一位营销咨询师20年实战洞察 王清华 古怀亮 著	各个角度，全方位，多视点剥营销	思路单一，此书帮你破

续表

分类	书名/作者	内容简介	推荐语
营销模式	营销按钮:扣动一触即发的力量 老苗 著	提供各种奇形怪状的营销武器	一定会带给你不一样的思维震撼
营销模式	孙子兵法营销战 刘文新 著	逐句解读孙子兵法,以及在营销方面的感悟	帮助营销人用智慧打营销仗
销售	资深大客户经理:策略准,执行狠 叶敦明 著	从业务开发、发起攻势、关系培育、职业成长四个方面,详述了大客户营销的精髓	满满的全是干货
销售	大客户销售这样说这样做 陆和平 著	大客户销售十大模块68个典型销售场景应对策略和话术,直接拿来就用	从"为什么要这么干"到"干什么、怎么干"
销售	成为资深的销售经理:B2B、工业品 陆和平 著	围绕"销售管理的六个关键控制点"一一展开,提供销售管理的专业、高效方法	方法和技术接地气,拿来就用,从销售员成长为经理不再犯难
销售	销售是门专业活:B2B、工业品 陆和平 著	销售流程就应该跟着客户的采购流程和关注点的变化向前推进,将一个完整的销售过程分成十个阶段,提供具体方法	销售不是请客吃饭拉关系,是个专业的活计! 方法在手,走遍天下不愁
销售	向高层销售:与决策者有效打交道 贺兵一 著	一套完整有效的销售策略	有工具,有方法,有案例,通俗易懂
销售	学话术 卖产品 张小虎 著	分析常见的顾客异议,将优秀的话术模块化	让普通导购员也能成为销售精英
组织和团队	升级你的营销组织 程绍珊 吴越舟 著	用"有机性"的营销组织替代"营销能人",营销团队变成"铁营盘"	营销队伍最难管,程老师不愧是营销第1操盘手,步骤方法都很成熟
组织和团队	用数字解放营销人 黄润霖 著	通过量化帮助营销人员提高工作效率	作者很用心,很好的常备工具书
组织和团队	成为优秀的快消品区域经理(升级版) 伯建新 著	用"怎么办"分析区域经理的工作关键点,增加30%全新内容,更贴近环境变化	可以作为区域经理的"速成催化器"
组织和团队	成为资深的销售经理:B2B、工业品 陆和平 著	围绕"销售管理的六个关键控制点"一一展开,提供销售管理的专业、高效方法	方法和技术接地气,拿来就用,从销售员成长为经理不再犯难
组织和团队	一位销售经理的工作心得 蒋军 著	一线营销管理人员想提升业绩却无从下手时,可以看看这本书	一线的真实感悟
组织和团队	快消品营销:一位销售经理的工作心得2 蒋军 著	快消品、食品饮料营销的经验之谈,重点突出	来源于实战的精华总结
组织和团队	销售轨迹:一位快消品营销总监的拼搏之路 秦国伟 著	本书讲述了一个普通销售员打拼成为跨国企业营销总监的真实奋斗历程	激励人心,给广大销售员以力量和鼓舞
组织和团队	用营销计划锁定胜局:用数字解放营销人2 黄润霖 著	全方位教你怎么做好营销计划,好学好用真简单	照搬套用就行,做营销计划再也不头痛
组织和团队	快消品营销人的第一本书:从入门到精通 刘雷 伯建新 著	快消行业必读书,从入门到专业	深入细致,易学易懂
产品	产品开发管理方法·流程·工具:从作坊式到规范化 任彭枞 著	产品研发管理体系全指导	既有工具,又能开拓思路
产品	新产品开发管理,就用IPD(升级版) 郭富才 著	10年IPD研发管理咨询总结,国内首部IPD专业著作	一本书掌握IPD管理精髓

续表

	书名·作者	内容/特色	读者价值
产品	这样打造大单品：案例 策略 方法 迪智成咨询团队 著	囊括十三个不同行业、企业的实际案例，从不同角度详细剖析、总结了这些品牌厂家打造大单品的成功经验或者失败教训	厘清大单品打造的策划与路径，得出持续经营的思路与方法
	研发体系改进之道 靖爽 陈年根 马鸣明 著	提出一套系统性的方法与工具	指引企业少走弯路，提高成功率
	资深项目经理这样做新产品开发管理 秦海林 著	以IPD为思想，系统讲解新产品开管理的细节	提供管理思路和实用工具
	产品炼金术Ⅰ：如何打造畅销产品 史贤龙 著	满足不同阶段、不同体量、不同行业企业对产品的完整需求	必须具备的思维和方法，避免在产品问题上走弯路
	产品炼金术Ⅱ：如何用产品驱动企业成长 史贤龙 著	做好产品、关注产品的品质，就是企业成功的第一步	必须具备的思维和方法，避免在产品问题上走弯路
品牌	中小企业如何建品牌 梁小平 著	中小企业建品牌的入门读本，通俗、易懂	对建品牌有了一个整体框架
	采纳方法：破解本土营销8大难题 朱玉童 编著	全面、系统、案例丰富、图文并茂	希望在品牌营销方面有所突破的人，应该看看
	中国品牌营销十三战法 朱玉童 编著	采纳20年来的品牌策划方法，同时配有大量的案例	众包方式写作，丰富案例给人启发，极具价值
	今后这样做品牌：移动互联时代的品牌营销策略 蒋军 著	与移动互联紧密结合，告诉你老方法还能不能用，新方法怎么用	今后这样做品牌就对了
	中小企业如何打造区域强势品牌 吴之 著	帮助区域的中小企业打造自身品牌，如何在强壮自身的基础上往外拓展	梳理误区，系统思考品牌问题，切实符合中小区域品牌的自身特点进行阐述
渠道通路	深度分销：掌控渠道价值链 施炜 著	制造商通过掌控渠道价值链，将管理触角延伸至零售层面及顾客现场，对市场根部精耕细作，从而挖掘需求，构筑区域市场尤其是三四级市场的竞争壁垒	深度分销是中国企业对世界营销的独特贡献。实践证明，互联网时代深度分销仍有生命力
	快消品营销与渠道管理 谭长春 著	将快消品标杆企业渠道管理的经验和方法分享出来	可口可乐、华润的一些具体的渠道管理经验，实战
	传统行业如何用网络拿订单 张进 著	给老板看的第一本网络营销书	适合不懂网络技术的经营决策者看
	采纳方法：化解渠道冲突 朱玉童 编著	系统剖析渠道冲突，21个渠道冲突案例、情景式讲解，37篇讲义	系统、全面
	学话术 卖产品 张小虎 著	分析常见的顾客异议，将优秀的话术模块化	让普通导购员也能成为销售精英
	向高层销售：与决策者有效打交道 贺兵一 著	一套完整有效的销售策略	有工具，有方法，有案例，通俗易懂
	通路精耕操作全解：快消品20年实战精华 周俊 陈小龙 著	通路精耕的详细全解，每一步的具体操作方法和表单全部无保留提供	康师傅二十年的经验和精华，实践证明的最有效方法，教你如何主宰通路

管理者读的文史哲·生活

	书名·作者	内容/特色	读者价值
思想·文化	德鲁克管理思想解读 罗珉 著	用独特视角和研究方法，对德鲁克的管理理论进行了深度解读与剖析	不仅是摘引和粗浅分析，还是作者多年深入研究的成果，非常可贵
	德鲁克与他的论敌们：马斯洛、戴明、彼得斯 罗珉 著	几位大师之间的论战和思想碰撞令人受益匪浅	对大师们的观点和著作进行了大量的理论加工，去伪存真、去粗存精，同时有自己独特的体系深度

续表

思想·文化	德鲁克管理学 张远凤 著	本书以德鲁克管理思想的发展为线索,从一个侧面展示了20世纪管理学的发展历程	通俗易懂,脉络清晰
	王阳明"万物一体"论:从"身-体"的立场看(修订版) 陈立胜 著	以身体哲学分析王阳明思想中的"仁"与"乐"	进一步了解传统文化,了解王阳明的思想
	自我与世界:以问题为中心的现象学运动研究 陈立胜 著	以问题为中心,对现象学运动中的"意向性""自我""他人""身体"及"世界"各核心议题之思想史背景与内在发展理路进行深入细致的分析	深入了解现象学中的几个主要问题
	作为身体哲学的中国古代哲学 张再林 著	上篇为中国古代身体哲学理论体系奠基性部分,下篇对由"上篇"所开出的中国身体哲学理论体系的进一步的阐发和拓展	了解什么是真正原生态意义上的中国哲学,把中国传统哲学与西方传统哲学加以严格区别
	中西哲学的歧异与会通 张再林 著	本书以一种现代解释学的方法,对中国传统哲学内在本质尝试一种全新的和全方位的解读	发掘出掩埋在古老传统形式下的现代特质和活的生命,在此基础上揭示中西哲学"你中有我,我中有你"之旨
	治论:中国古代管理思想 张再林 著	本书主要从儒、法墨三家阐述中国古代管理思想	看人本主义的管理理论如何不留斧痕地克服似乎无法调解的存在于人类社会行为与社会组织中的种种两难和对立
	车过麻城 再晤李贽 张再林 著	系统全面而又简明扼要地展示了李贽独到的学术眼力和超拔的理论建树	帮助读者重新认识李贽的思想
	中国古代政治制度(修订版)上:皇帝制度与中央政府 刘文瑞 著	全面论证了古代皇帝制度的形成和演变的历程	有助于读者从政治制度角度了解中国国情的历史渊源
	中国古代政治制度(修订版)下:地方体制与官僚制度 刘文瑞 著	全面论证了古代地方政府的发展演变过程	有助于读者从政治制度角度了解中国国情的历史渊源
	中国思想文化十八讲(修订版) 张茂泽 著	中国古代的宗教思想文化,如对祖先崇拜、儒家天命观、中国古代关于"神"的讨论等	宗教文化和人生信仰或信念紧密相联,在文化转型时期学习和研究中国宗教文化就有特别的现实意义
	史幼波《大学》讲记 史幼波 著	用儒释道的观点阐释大学的深刻思想	一本书读懂传统文化经典
	史幼波《周子通书》《太极图说》讲记 史幼波 著	把形而上的宇宙、天地,与形而下的社会、人生、经济、文化等融合在一起	将儒家的一整套学修系统融合起来
	史幼波《中庸》讲记(上下册) 史幼波 著	全面、深入浅出地揭示儒家中庸文化的真谛	儒释道三家思想融会贯通
	梁涛讲《孟子》之万章篇 梁涛 著	《万章》主要记录孟子与万章的对话,涉及孝道、亲情、友情、出仕为官等	作者的解读能帮助读者更好地理解孟子及儒学
	两晋南北朝十二讲(修订版) 李文才 著	作为一本普及性读物,作者尊重史实,运用"历史心理学"的叙事方法,分12个专题对两晋南北朝的历史进行阐述	让读者轻松了解两晋南北朝的历史
	每个中国人身上的春秋基因 史贤龙 著	春秋368年(公元前770-公元前403年),每一个中国人都可以在这段时期的历史中找到自己的祖先,看到真实发生的事件,同时也看到自己	长情商、识人心
	与《老子》一起思考:德篇 与《老子》一起思考:道篇 史贤龙 著	打通文史,回归哲慧,纵贯古今,放眼中外,妙语迭出,在当今的老子读本中别具一格	深读有深读的回味,浅尝有浅尝的机敏,可给读者不同的启发